药学信息检索技术

主 审 陈景勇
主 编 刘元江
编 者 刘元江 冯小军 刘文锋
      刘细群 杨亚勇 陆惠慧

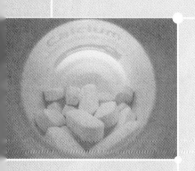

华中科技大学出版社
http://www.hustp.com
中国·武汉

内 容 简 介

本书内容包括百度搜索引擎使用技术、全文数据库检索及免费全文获取技术、药学数据库检索、专利检索、药品标准检索等。本书编写注重学中做，做中学，理论联系实际，突出实用性和职业性。

本书编者对药学研发、生产、经营、使用、检验、营销等工作岗位进行了充分的调研，对药学各岗位中需要应用到信息检索的任务进行了分类，以体现职业教育更接近企业实际需要的精神。

图书在版编目(CIP)数据

药学信息检索技术/刘元江主编. —武汉：华中科技大学出版社，2016.7(2021.8重印)
ISBN 978-7-5680-1876-0

Ⅰ.①药… Ⅱ.①刘… Ⅲ.①药物学-情报检索-高等职业教育-教材 Ⅳ.①G252.7

中国版本图书馆 CIP 数据核字(2016)第 130237 号

药学信息检索技术 　　　　　　　　　　　　　　　　　　　　刘元江　主编
Yaoxue Xinxi Jiansuo Jishu

策划编辑：史燕丽
责任编辑：熊　彦
封面设计：原色设计
责任校对：刘　竣
责任监印：周治超

出版发行：华中科技大学出版社(中国·武汉)　　电话：(027)81321913
　　　　　武汉市东湖新技术开发区华工科技园　　邮编：430223
录　　排：华中科技大学惠友文印中心
印　　刷：武汉科源印刷设计有限公司
开　　本：787 mm×1092 mm　1/16
印　　张：8
字　　数：200 千字
版　　次：2021 年 8 月第 1 版第 6 次印刷
定　　价：32.00 元

本书若有印装质量问题，请向出版社营销中心调换
全国免费服务热线：400-6679-118　竭诚为您服务
版权所有　侵权必究

自　序

近年来,职业教育的发展和改革受到广泛关注。2014年印发的《国务院关于加快发展现代职业教育的决定》写明,在加快构建现代职业教育体系中,推进人才培养模式创新。坚持校企合作、工学结合,强化教学、学习、实训相融合的教育教学活动。推行项目教学、案例教学、工作过程导向教学等教学模式。2015年教育部印发的《高等职业教育创新发展行动计划(2015—2018年)》明确指出,职业教育需要以提高质量为核心,深化专业内涵建设,推进课程体系、教学模式改革。笔者从事职业教育多年,深刻体会到职业教育迫切需要大力改革,才能主动适应社会经济的发展。著名教育家陶行知早就提出"做中学,学中做"理论,实践能力不是通过书本知识的传递来获得发展的,而是通过学生自主地运用多样的活动方式和方法,尝试性地解决问题来获得发展的。因此应用任务驱动的教学方法,让学生在电脑机房完成模拟企业实际工作任务的过程中实践,在不断尝试、屡犯错误中获取知识,比"教师先讲授,课后再练习"授之以鱼的传统教学方法更具有优越性。

21世纪是信息时代,随着互联网的飞速发展和新技术的应用,信息量越来越大。以往以纸质为载体的文献也逐渐被互联网数据库、电子书刊取代。本书收录的某些网站可能会在若干年后不复存在,但检索的方法和技巧,通过任务驱动获得的学习方法将依然实用。本书模块二内容由清远市人民医院陆惠慧及清远职业技术学院冯小军、刘细群编写,模块五内容由江苏盈科生物制药有限公司教授级制药高级工程师杨亚勇与清远职业技术学院食品药品学院联合开展药品经营与管理专业现代学徒制企业清远百姓大药房医药连锁有限公司的刘文锋编写,其余由本人编写。

鉴于成书仓促,难免有不足之处,敬希各位同仁及读者不吝赐教,以在再版中予以勘误。

刘元江
2016年初春于广东清远

目　　录

模块一　检索药品研发信息 ……………………………………………………（1）
　任务一　搜索引擎百度使用技术 ………………………………………………（1）
　任务二　检索全文数据库 ………………………………………………………（12）
　任务三　获取免费全文技术 ……………………………………………………（33）
　任务四　检索药学数据库 ………………………………………………………（40）
　任务五　检索专利信息 …………………………………………………………（51）
　任务六　检索药品说明书、毒理信息 …………………………………………（63）

模块二　检索药品生产信息 ……………………………………………………（72）
　任务一　检索原辅料、药包材、设备信息 ……………………………………（72）

模块三　检索药品检验信息 ……………………………………………………（77）
　任务一　检索药品、辅料、药包材标准 ………………………………………（77）
　任务二　检索药品检验信息 ……………………………………………………（83）

模块四　检索药品经营使用信息 ………………………………………………（88）
　任务一　检索合理用药信息 ……………………………………………………（88）
　任务二　检索中医药信息 ………………………………………………………（98）

模块五　检索药品营销信息 ……………………………………………………（103）
　任务一　检索药品价格信息 ……………………………………………………（103）
　任务二　检索医疗保险药品、国家基本药物、招商招标信息 ………………（108）
　任务三　检索药事管理法规、医药学会议、医学指南 ………………………（115）

项目考核 …………………………………………………………………………（120）

附录 ………………………………………………………………………………（121）

参考文献 …………………………………………………………………………（124）

模块一　检索药品研发信息

任务一　搜索引擎百度使用技术

一、必备知识

（1）搜索引擎（Search engine）：根据一定的策略、运用特定的计算机程序从互联网上搜集信息，在对信息进行组织和处理后，为用户提供检索服务，将用户检索相关的信息展示给用户的系统。

（2）通配符：一种特殊语句，主要有星号（＊）和问号（?），用来模糊搜索文件。当查找文件夹时，可以使用它来代替一个或多个真正的字符；当不知道真正字符或者未输入完整名字时，常常使用通配符代替一个或多个真正的字符。

二、搜索引擎百度使用技术

（一）百度简介

百度（www.baidu.com）是全球最大的中文搜索引擎，支持搜索3亿5千多万的中文网页，并且还以每天几十万页的速度快速增长，占国内80％的市场份额。其功能完备，搜索精度高，除数据库的规模及部分特殊搜索功能外，其他方面可与当前的搜索引擎业界"领军人物"Google相媲美，在中文搜索支持方面有些地方甚至超过了Google，是目前国内技术水平最高的搜索引擎。

（二）百度产品与功能

1. 产品

点击百度首页的全部产品，其提供的产品包括新上线的产品、搜索服务、导航服务、社区服务、游戏娱乐、移动服务、站长与开发者服务、软件工具、其他服务等。其中，与搜索有关的主要有：网页、百科、视频、翻译、图片、音乐、地图、新闻、票务、学术等。

2. 功能

(1) 提示功能:百度能理解中文用户搜索习惯,开发出关键词自动提示功能。例如输入特比,会自动弹出提示框。

拼音自动转换中文关键词功能:例如输入"tebi",会自动弹出提示框。

自动纠错功能:例如输入唐醋排骨,会自动弹出对话框"您要找的是不是:糖醋排骨"。

(2)百度快照功能:百度搜索引擎预先浏览各网站,拍下网页的快照并储存起来。在进行网上浏览时,如因网站维护中断或堵塞、网站链接更换页被删等原因不能正常链接到所需的页面,就可使用百度快照调用暂存的网页来救急,而且通过百度快照寻找资料往往要比常规方法的速度快得多。

(3)相关搜索提示功能:搜索结果不理想,有时候是因为选择的查询词不是很恰当,可以通过网页下方的相关搜索,参考其他人相似的一系列相关查询词来获得启发。相关搜索按照搜索的热门程度排序。

(4)官网提示功能:提示官网,避免进入虚假网站上当受骗。

(5) 计算与度量衡功能：只需简单地在搜索框内输入计算式，回车即可。百度支持的算法包括：加减乘除、幂运算、阶乘；支持的函数包括：正弦、余弦、正切、对数。支持上述运算的混合运算。

百度支持常用的度量衡换算。方法是在搜索栏或者计算框内输入如下格式表达式：换算数量换算前单位＝？换算后单位。

（三）百度搜索技巧

点击首页关于百度，搜索特色，即可浏览网页搜索特色功能、常见搜索问题、百度搜索技巧。

点击首页设置,搜索设置,可对搜索框提示、搜索语言范围等进行设置,再保存设置。

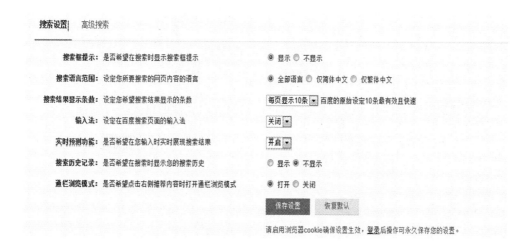

1. 简单搜索

例如想了解特比萘芬乳膏的相关信息,在搜索框输入特比萘芬乳膏,点击百度一下。百度找到相关结果约 363,000 个。

点击结果旁边的搜索工具,点击时间不限旁边的下拉按钮,可以对结果的时间进行限制。

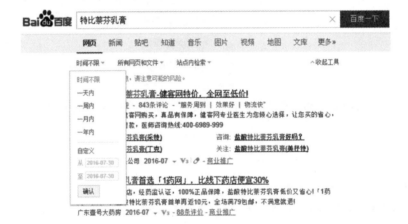

点击所有网页和文件旁边的下拉按钮,可以对网页和文件的格式进行筛选。

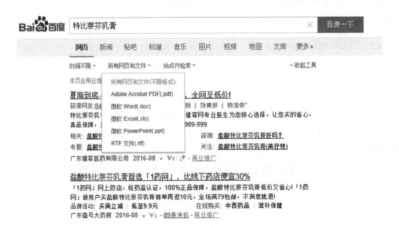

点击站点内搜索旁边的下拉按钮,输入网址,可指定结果出现的网页内搜索。不需要此功能时,可点击收起工具。

2. 逻辑搜索

百度搜索引擎以关键词搜索为主,要求所输入的关键词完整、准确。支持"-"号、"."号、"|"号、"《》"号、""""号(双引号)、"link:"等特殊搜索命令。在关键词之间插入"空格"、"|"、"-",可指定查询串中各关键词间与、或、非的关系。支持多文档搜索;不支持"通配符"搜索、"AND"、"+"等符号的使用。它自动带有 AND 的功能。

(1)与:输入特比萘芬 乳膏。

(2)或:输入特比萘芬|乳膏。出现的结果为特比萘芬或乳膏。

（3）非：用"-"连接。例如搜索特比萘芬乳膏,结果中不能出现软膏,在搜索框输入特比萘芬乳膏-(软膏)。注意前一个关键词和"-"之间必须有空格,否则减号会被当成连字符处理。

3. 文档搜索

百度可以搜索pdf、doc、xls、ppt、rtf、all等文档文件。其中,all表示搜索百度所有支持的文档类型。如果您只想查找某个特定类型文件资料,而不要一般网页,只需在搜索关键词后边加上filetype:文档类型即可。例如想搜索特比萘芬pdf格式的文件,在搜索框输入"特比萘芬 filetype:pdf"。或点击所有网页和文件旁边的下拉按钮,选择PDF。

4. 在指定网站内搜索

如果在指定网站 www.sfda.gov.cn 内搜索信息，可以使用语句"特比萘芬乳膏 site：www.sfda.gov.cn"。也可以点击站点内搜索旁边的下拉按钮，输入网址，可指定在结果出现的网页内搜索。

5. 在标题中搜索

搜索"intitle：特比萘芬乳膏"，将搜索网页标题中含有特比萘芬乳膏的网页。

6. 精确搜索

如果输入的查询词很长，百度在经过分析后，给出的搜索结果中的查询词，可能是拆分的。如果您对这种情况不满意，可以尝试让百度不拆分查询词。给查询词加上双引号，就可以达到这种效果。例如，搜索特比萘芬乳膏，如果不加双引号，搜索结果被拆分，效果不是很好，但加上双引号后，"特比萘芬乳膏"，获得的结果全部符合要求。

7. 高级搜索

点击首页的高级搜索，可以定义搜索结果，限制时间、文档格式、关键词位置、站内搜索。

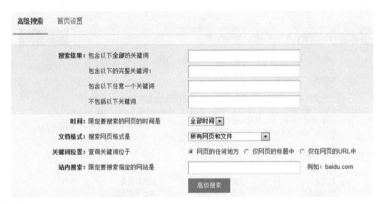

8. 学术搜索

点击首页全部产品、百度学术，进入搜索页面。百度学术可直接搜索国内三大全文数据库（中国知网、万方、维普）的期刊论文、会议论文、学位论文，也可以搜索国外 SpringerLink、ScienceDirect 等知名全文数据库的学术论文。可简单搜索，也可进行高级搜索。

高级搜索多个搜索词需要用逗号","分隔。搜索词的位置可选择文章中任何位置或位于文章标题。语言搜索范围可选择不限、英文、中文。搜索结果显示免费下载的可点击直接下载全文。

基本任务

（1）检索新药埃索美拉唑的新闻。
（2）检索标题为"新药临床前研究指导原则"的信息。
（3）检索野生核桃枝治疗肿瘤的视频。
（4）检索广东省食品药品监督管理局在广州的地理位置。
（5）检索双层片图片。
（6）检索 $5^{\wedge}6$ 的结果。
（7）检索1两等于多少克。
（8）检索旋转压片机相关的视频。
（9）检索新药研发培训相关的课程。

巩固任务

（1）检索埃索美拉唑相关的新闻，要求不包含奥美拉唑。
（2）检索双层片图片，要求大小为"1000＊800"。
（3）检索软件新编全医药学大词典。
（4）检索泡腾片一年内的文库信息。
（5）检索泡腾片相关的文献，要求格式为.PPT。
（6）检索广东食品药品监督管理局网站内关于新版GSP的信息。

拓展任务

（1）检索中药蚤休的别名。
（2）检索八百方网上药店，要求显示官网。
（3）检索片剂生产工艺流程图，要求动态图片。

(4) 检索片剂生产工艺流程图文库,并下载一份。
(5) 检索百度百科中关于蚤休的介绍。
(6) 运用百度翻译翻译 Assessment of serum prolactin levels in acute myocardial infarction: The role of pharmacotherapy。
(7) 运用百度学术检索 tablet splitting 的文献,并下载一篇免费的文献。

任务二 检索全文数据库

一、必备知识

(一) 联邦检索

联邦检索(Federated Search)是信息检索研究的重要组成部分,也是检索国际会议 TREC(文本检索会议)的任务之一。在国内,联邦检索也称作分布式检索、跨库检索、集成检索等。

(二) DOI

数字对象标识符(Digital Object Identifier)的简称,是国际上用来永久且唯一标识数字资源的编码,具有对资源进行永久命名标识、动态解释链接的特征,被誉为互联网上的条形码。DOI 代码结构分前缀和后缀两部分,中间用"/"分开;前缀以小圆点分为两部分:特定代码 10 和 DOI 的 4 位注册机构代码,后缀是表示资源唯一性的本地代码。目前,很多中外期刊的论文都注册了 DOI。

(三) 知识元

组成知识网络的手段之一叫知识元链接。通常,我们把这些相对独立的部分称为知识元。知识元是指相对独立的、表征知识点的一个元素,它可以是一段文字、一幅图表、一个公式、一章或一节、一段动画、一个程序等。知识元链接,是指从一本书、一本杂志、一篇文章中把最小的知识单元提炼出来,比如把一个概念、一个事实、一个数据等等实际能说明某个知识的元素提炼出来,这样可以降低人们查找知识的难度;同时通过小的知识单元能够把大的知识单元,比如一本书、一篇文章相互之间的关系建立起来。

(四) 中图分类号

采用《中国图书馆分类法》对科技文献进行主题分析,并依照文献内容的学科属性和特征,分门别类地组织文献,所获取的分类代号。中国图书馆分类法共分 5 个基本部类、22 个大类。采用英文字母与阿拉伯数字相结合的混合号码,用一个字母代表一个大类,以字母顺序反映大类的次序,在字母后用数字作标记。为适应工业技术发展及该类文献的分类,对工业技术二级类目,采用双字母。例如 R9 表示药学文献。

(五) ISSN

国际标准连续出版物编号(International Standard Serial Number)的简称,是根据国际标准 ISO3297 制定的连续出版物国际标准编码,其目的是使世界上每一种不同题名、不同版本的连续出版物都有一个国际性的唯一代码标识。

（六）ISBN

国际标准书号（International Standard Book Number）的简称，是专门为识别图书等文献而设计的国际编号。

（七）CN

国内统一连续出版物号的简称，又称国内统一刊号。它由前缀 CN 和 6 位数字及分类号组成。CN 为中华人民共和国的国家代码，6 位数字及分类号，是由国家新闻出版总署负责分配给每一种连续出版物题名的唯一标识。连续出版物的题名（Title）是指：一种连续出版物的名称。题名可能在不同历史时期或同一历史时期重复出现，CN 则是对应着一种连续出版物的一个题名。

（八）词频

检索词在相应检索项中出现的频次。词频为空，表示至少出现 1 次，如果为数字，例如 3，则表示至少出现 3 次，以此类推。

（九）辑刊

学术机构出版刊行的成套的、定期或不定期的论文集。

（十）核心期刊

核心期刊是期刊中学术水平较高的刊物，是进行刊物评价而非具体学术评价的工具。国内有 7 大核心期刊（或来源期刊）遴选体系：①北京大学图书馆"中文核心期刊"；②南京大学"中文社会科学引文索引（CSSCI）来源期刊"；③中国科学技术信息研究所"中国科技论文统计源期刊"（又称"中国科技核心期刊"）；④中国社会科学院文献信息中心"中国人文社会科学核心期刊"；⑤中国科学院文献情报中心"中国科学引文数据库（CSCD）来源期刊"；⑥中国人文社会科学学报学会"中国人文社科学报核心期刊"；⑦万方数据股份有限公司的"中国核心期刊遴选数据库"。

（十一）EI 来源期刊

工程索引（The Engineering Index，简称 EI）收录的期刊。EI 是美国工程信息公司出版的著名工程技术类综合性检索工具。

（十二）SCI 来源期刊

科学引文索引（Science Citation Index，简称 SCI）收录的期刊。SCI 是美国科学情报研究所出版的一个世界著名的期刊文献检索工具。

（十三）CAS 来源期刊

美国《化学文摘社》（Chemical Abstracts，简称 CAS）收录的期刊。

（十四）CSCD 来源期刊

中国科学引文数据库（Chinese Science Citation Database，简称 CSCD）定量遴选、学科专家评审和中国科学引文数据库来源委员会的评议，定量与定性综合评估结果构成了中国科学引文数据库来源期刊。

（十五）CSSCI 来源期刊

中文社会科学引文索引（Chinese Social Sciences Citation Index，简称 CSSCI）由南京大

学中国社会科学研究评价中心开发研制而成。采取定量与定性评价相结合的方法从全国2700余种中文人文社会科学学术性期刊中精选出学术性强、编辑规范的期刊作为来源期刊。

（十六）同义词检索

以《汉语主题词表》为基础,参考各个学科的主题词表,通过多年的标引实践,编制了规范的关键词用代词表(同义词库),实现高质量的同义词检索,提高查全率。

（十七）布尔逻辑检索

在检索中用于表示文献集合的逻辑关系,即逻辑与、逻辑或、逻辑非,运算顺序为非＞与＞或。

二、检索 CNKI 数据库技术

1. CNKI (http://www.cnki.net/) 简介

CNKI 是"中国知网"(China National Knowledge Internet)的英文简称,是国家知识基础设施(National Knowledge Infrastructure)的建设成果。CNKI 工程是以实现全社会知识资源传播共享与增值利用为目标的信息化建设项目,由清华大学、清华同方发起,始建于1999年6月。CNKI 是中国最大的学术电子资源集成商和发行渠道。CNKI 建设了数字出版平台,整合各类型学术资源,多年来建设了《中国知识资源总库》,整合出版的资源包括:中外文学术期刊、学位论文、会议论文、报纸、专利、标准、年鉴、工具书、图书等十多种学术资源。CNKI 收录的中文资源见下图。

序号	数据库	总数	文献量（万）	覆盖率
1	中国学术期刊网络出版总库	7800种	3300	99.9%
2	中国博士学位论文网络出版总库	400家	16	91%
3	中国优秀硕士学位论文全文数据库	600家	120	96%
4	中国重要会议论文全文数据库	17000个会议	160	96%
5	中国重要报纸全文数据库	600种	1000	100%
6	中国专利全文数据库	3类	530	99.9%
7	中国标准数据库	3类	15	100%
8	国家科技成果数据库	35个单位	50	100%
9	中国年鉴网络出版总库	2300种	1400	99%
10	中国工具书网络出版总库	4000种	1500	99.5%
11	中国大百科全书全文数据库	70卷	8	100%

2. CNKI 的资源

CNKI 提供的资源包括:资源总库、国际文献总库、行业知识服务平台、个人/机构图书馆。

其中,资源总库包括源数据库(期刊、学位论文、报纸、会议)、特色资源、国外资源、行业知识库、作品欣赏、指标索引。

国际文献总库:为了加快国际学术资源在中国的传播,近年来 CNKI 建设了学术搜索产品(http://scholar.cnki.net)。产品目标是基于版权合作,将各类国际学术资源整合在一起,为广大读者提供免费的题录检索服务,成为学术资源的统一发现平台。CNKI 学术搜索已与 100 多家国际出版社进行了版权合作,整合出版了数百个重要的学术数据库,3 亿多篇中外文文献。国际最具影响力的出版社如 Elsevier、Springer、Taylor & Francis、ProQuest、Wiley、Pubmed、Cambridge University Press 等都是 CNKI 的合作伙伴。

快速检索途径:输入账号密码登录,输入关键词"片剂",点击检索后的 CNKI Scholar 界面如下。可以对结果筛选(可复选)的出版时间(可复选)、文献语种(可复选)、学科领域(可复选)、来源数据库(可复选)进一步筛选。此外,可以在输入框再输入另外一个关键词"黄

酮",点击在结果中检索,进一步缩小检索的范围。在联邦检索以下数据库中(可复选),选择相应的数据库,再点击检索。下载全文后需要在首页 CNKI 常用软件下载栏目下载并安装 CAJViewer 浏览器才能阅读全文。

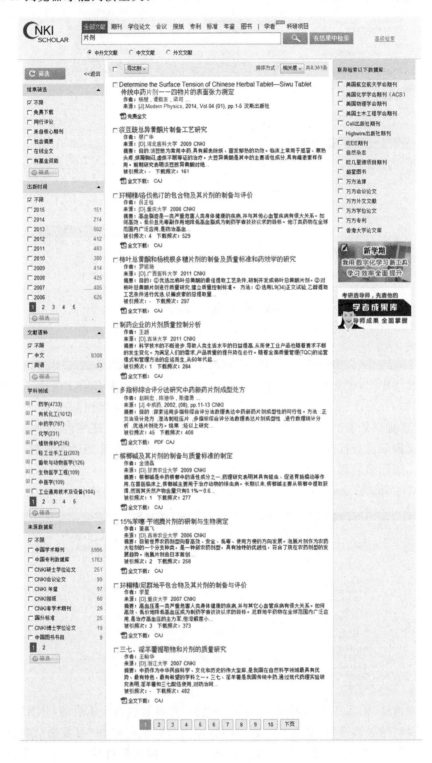

高级检索途径：可选择全部文献，也可以选择其中一种文献类型（单选）。检索范围包括全字段、题名、关键词、摘要、DOI。

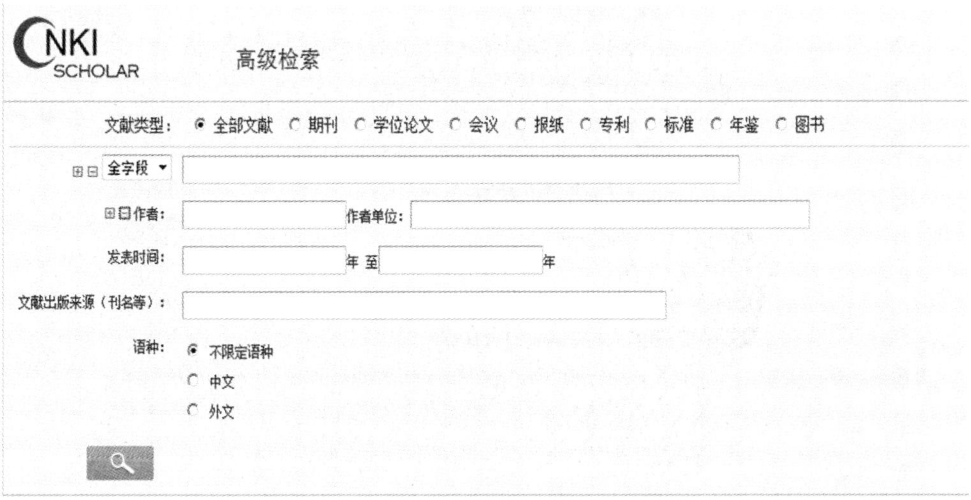

点击全字段或作者左边的拓展按钮 + 或缩小按钮 − ，能展开或缩小检索范围。点击 + 后，出现逻辑连词"或者"、"并且"，选择其中一个。

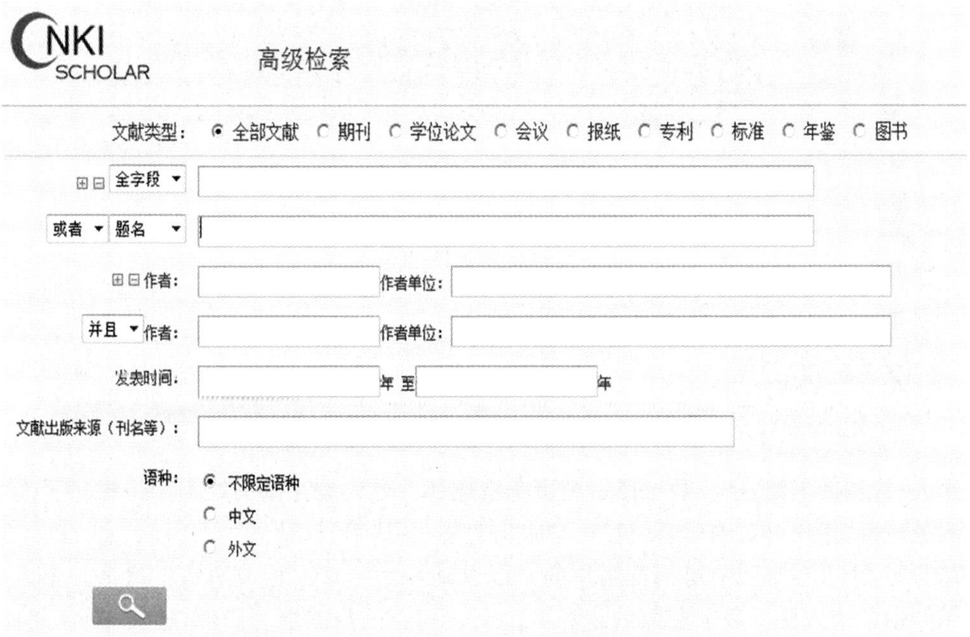

行业知识服务平台如下图，与药学行业密切相关的是医药卫生。

个人/机构图书馆：个人数字图书馆可免费创建。个人数字图书馆为用户提供了多种个性化服务栏目，用户可定制学者、机构、学术出版物、科研项目、检索式、投稿信息、学术论坛、学术趋势等，个人数字图书馆根据用户的定制自动推送一系列相关的情报信息。个人数字图书馆开创了个人使用数字资源的新局面。个人用户可按需定制资源、检索平台、功能、情报服务，按需配置显示模板和显示方式，个人数字图书馆提供了超越一般的资源订阅方式，为用户提供了个性化、交互式学习研究的空间。资源方面，平台支持对数据库专辑、学科专业、整刊资源以及各种类型单篇文献的定制，使用户可以按不同需要定制网络出版总库的资源。

3. CNKI 的检索方法

（1）快速检索　检索范围点击更多可显示出来：包括文献、期刊、博硕士论文、会议、报纸、外文文献、年鉴、百科、统计数据、专利、标准等。

特别是CNKI学术图片知识库，是我国第一个学术类图片的知识库产品，采用同方知网自主研发的智能挖掘技术，从各类学术文献中提取出千万量级的图形、图像等内容，加以规范化编辑整理，提供相似图表的检索、对比和分析等知识发现功能。图片搜索提供4种专项搜索方法：图片标题、图片主题、图片关键词、图片说明。逻辑关系可选择并且、或者、不含，关键词可以是精确的，也可以是模糊的。

以期刊为例，初级检索提供了13种专项检索方法：全文检索、主题检索、篇名检索、关键词检索、作者检索、单位检索、刊名检索、ISSN检索、CN检索、基金检索、摘要检索、参考文献检索、中图分类号检索。

跨库检索:选择文献检索时,可同时选择跨库检索。可全选,也可选择其中的一个库或多个库。

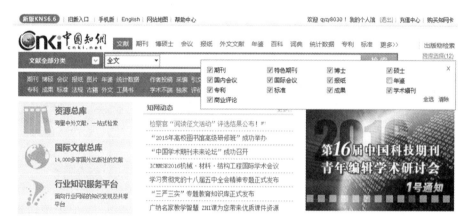

出版物检索:可选择全部出版物检索,也可选择期刊、单位、会议论文集、报纸、年鉴、工具书检索。提供了6种专项检索方法:来源名称检索、主办单位检索、出版者检索、ISSN检索、CN检索、ISBN检索。

(2) 高级检索 以文献检索为例,所有检索项按"并且"、"或者"两种逻辑关系进行组合

检索。点击 +，新增一行检索条件；点击 -，删除最后一行检索条件。通过三个步骤检索文献。首先输入范围控制条件，如发表时间等，再输入文献内容特征信息，如篇名、关键词等，最后对检索达到的结果分组排序，如根据文献所属学科分组，再根据发表时间等进行排序，筛选得到所需要的文献。

（3）专业检索　专业检索需要在检索框输入专业检索语法表达式，使用逻辑运算符和关键词构造检索式进行检索，用于图书情报专业人员查新、信息分析等工作。检索框下面列举了可检索字段的缩写及示例。

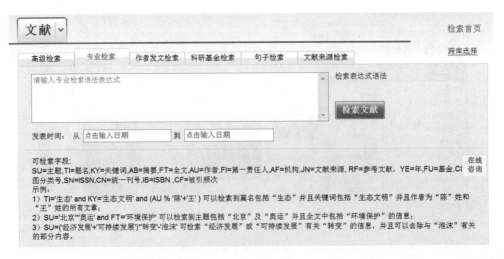

（4）作者发文检索　针对作者姓名或第一作者姓名、作者单位的检索。通过作者姓名、

单位等信息,查找作者发表的全部文献及被引用、下载等情况。作者发文检索的亮点是可以通过"第一作者"和"单位"的组合条件进行检索,这类检索针对跨研究机构合作开展研究项目的增多而设计,这类研究成果在实际工作中不但要检索到成果,还要检索到第一完成人,以及第一完成人所在单位等信息。

(5) 科研基金检索 输入科研基金名称,查找科研基金资助的文献。输入科研基金名称后,选择精确或模糊,再点击右边的按钮,输入检索词,选择管理机构,选择基金名称,点击搜索。

(6) 句子搜索 输入两个关键词,查找同时包含这两个词的句子,实现对事实的检索。

（7）文献来源检索　按照来源检索文献。点击右边的按钮，检索项包括：期刊来源、博士学位授予点、硕士学位授予点、报纸来源、年鉴来源、辑刊来源。

（8）学科专业检索　在CNKI首页点击学科专业数字图书馆，可见医药卫生科技有28个学科馆。

再点击药学进入药学学科馆。页面左边将药学学科分成了8个专业，检索时可进一步限定所选专业。页面右边介绍了《全国"药学"学科文献出版报表》、"药学"学科国家级、省部级课题、全国"药学"一级学科一年内产出的重要学术成果、国内"药学"学术会议、国际"药学"学术会议、"药学"学科最新报道、"药学"学科期刊、"药学"学科学术热点。

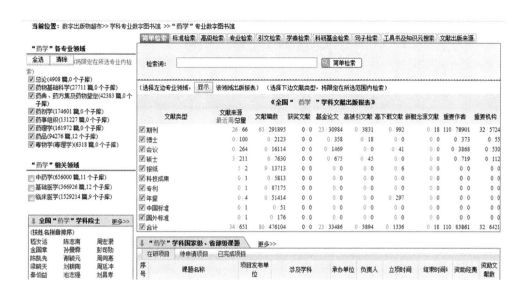

4. CNKI 的其他信息资源

CNKI 首页的学习研究及知识元提供了其他信息资源的搜索。

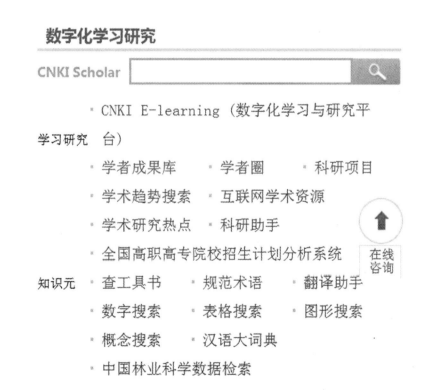

例如查工具书,可检索医药图谱。图形搜索或表格搜索可检索到药学相关的表格或图片。

三、维普数据库检索技术

1. VIP(http://www.cqvip.com/)简介

中文科技期刊数据库(简称"维普")由科技部西南信息中心主办,重庆资讯有限公司制作,收录了1989年以来的文献资料,2001年正式出版发行,是目前我国收录期刊最全的综合性全文期刊文献数据库,收录文献总量3000余万篇。

2. VIP的资源

点击首页的产品服务,可知资源包括:中文科技期刊数据库、外文科技期刊数据库、中文科技期刊数据库(引文版)、中国科学指标数据库、CSI中文科技期刊评价报告、中国基础教育信息服务平台、维普-google学术搜索、维普考试资源系统VERS、图书馆学科服务平台LDSP、文献共享服务平台LSSP、中国科技经济新闻数据库。

3. VIP的检索方法

(1)快速检索 搜索的信息类型包括:文献、期刊、学者、机构、帖子。可选择标题/关键词、作者、机构、刊名。在检索框输入需要搜索的内容,点击搜索即可。

搜索后,可作进一步筛选。可输入作者、期刊、选择学科分类,再点击确定。

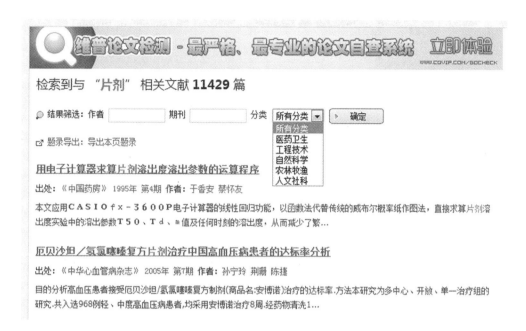

（2）基本检索　输入用户名和密码登录后,点击高级检索,再点击基本检索。可选择期刊发表的时间范围,选择需要检索的项目(任意字段、题名、关键词等),点击 + 按钮可增加检索项目,项目之间可用逻辑符号"与"、"或"、"非"连接。

期刊范围可选择全部期刊,也可选择核心期刊、EI来源期刊等。

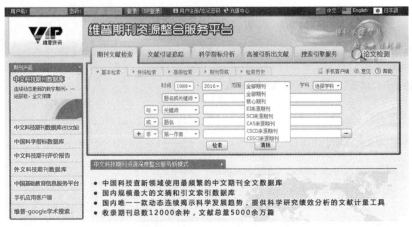

学科可选全部学科,或者其中的一个或几个学科。

(3) 传统检索 可选择同义词、同名作者。选择年限,最近更新的时间,检索入口可选择题名、关键词等。检索式可输入关键词或检索式,支持模糊或精确检索。按学科分类查询,可以点击分类导航打开下面的各级学科分类,选中某一学科,然后在页面上端"检索词(检索式)"处输入关键词或者是检索式,点击检索进行查询。检索后可再次输入关键词,选择逻辑连接词"与"、"或"、"非"进行二次检索。检索结束后可下载题录。

(4) 高级检索　可选择检索的项目,例如作者、机构、刊名等,对时间、更新时间、专业、期刊范围作进一步限制。

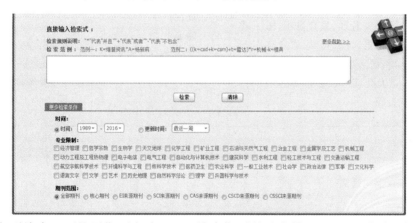

也可以直接输入检索式,再限制时间、专业、期刊范围。

(5) 期刊检索　可按照期刊名或 ISSN 检索期刊的基本情况,也可以按字顺浏览所需要检索的期刊。期刊导航按照学科分类,可浏览期刊学科分类导航、核心期刊导航、国内外数据库收录导航、期刊地区分布导航。

四、万方数据库检索技术

1. 万方(http://g.wanfangdata.com.cn/)简介

万方数据资源系统数字化期刊(简称"万方")是万方数据库资源系统三大组成部分之一,由中国科技信息研究所下属的北京万方数据股份有限公司创办。三种全文数据库的基本情况比较见表1。

表1 三种全文数据库的基本情况比较

数据库名称	VIP	CNKI	万方
收录时间	1989年以来	1994年以来	1998年以来
收录数量(2007年底)	12000种(含全文8000余种,港台地区108种),其中核心期刊1957种,占16.3%	8712种,其中核心期刊1750多种,占总量的20.1%	6000多种,其中核心期刊2374种,占40%,质量占有绝对优势
学科范围	经济管理、教育科学、图书情报、自然科学、农业科学、医药卫生、工程技术等7大类,27个专辑,200个专题	理工A(数理科学)、理工B(化学化工能源与材料)、理工C(工业技术)、农业、医药卫生、文史哲、经济政治与法律、教育与社会科学、电子技术与信息科学9大类,126个专题	基础科学、医药卫生、农业科学、工业技术、人文科学等8大类,77个小类
文献类型	仅期刊论文	期刊论文、会议论文、博硕士学位论文、工具书、年鉴、报纸、专利、标准等	期刊论文、会议论文、博硕士学位论文、专利、标准、中外会议、科技成果(题录)、企业信息(题录)、法律法规、科技动态等

2. 万方的资源

万方的资源见下图,包括学术论文、期刊、专利、标准等。

3. 万方的检索方法

(1)快速检索 注册登录后,选择学术论文、期刊等检索入口,输入关键词,点击检索。

（2）高级检索　点击高级检索，首先需要选择文献类型（可复选），再选择主题、题名等检索入口，支持精确或模糊检索，检索词可进行或、与、非逻辑运算。可限定文献发表的时间。

（3）专业检索　专业检索主要用于对查新点的新颖性进行查证。选择文献类型，点击可检索字段，弹出对话框如下图。点击推荐检索词，输入关键词，可推荐相应的检索词。可对文献的时间作限制。三种全文数据库检索功能比较见表2。

表 2　三种全文数据库检索功能比较

数据库名称		VIP	CNKI	万方
检索方式	导航检索	期刊、学科分类	期刊、学科分类、作者、基金、博硕士授予单位、会议、出版社供种,导航途径最多	期刊、学科分类
	简单检索	只有一个检索框,一次可输入多个检索词,词间可用运算符组配	只有一个检索框,一次只能输入一个检索词	只有一个检索框,一次只能输入一个检索词
	高级检索	支持4个字段的逻辑组配	支持4个字段的逻辑组配,可扩展相近词、限定词频	支持2个字段的逻辑组配
	专家检索	支持本库任意字段的逻辑组配	支持任意字段的逻辑组配	支持任意字段的逻辑组配
检索入口		关键词、篇名、刊名、作者、机构、文摘、第一作者、分类号、参考文献、任意字段等	关键词、篇名、刊名、作者、机构、文摘、基金、全文、ISSN、主题词、参考文献、分类号、年、期等,检索入口最多,有专门的引文库	关键词、篇名、刊名、作者、机构、文摘等,有专门的引文库
检索技巧	逻辑检索	与、或、非	与、或、非	与、或、非
	二次检索	可选择字段	可选择字段	任意字段,无选择性
	限定条件	精确、模糊	精确、模糊	精确、模糊

 基本任务

(1) 检索题名为"麻黄杏仁薏苡甘草汤治疗扁平疣"的文献。
(2) 检索作者为刘卫东,单位为湖南中医药大学的硕士学位论文。
(3) 检索有关紫云英方面的文献,要求专业为药学、中药学、中医学、中西医结合。
(4) 检索作者为刘元江发表在报纸上的文献。
(5) 检索泡腾片相关的图片文献。
(6) 检索中山市人民医院临床药学科2016年发表的文献。
(7) 检索压片机药片的冲模有哪些标准。
(8) 检索执业药师方面的部门规章有哪些。
(9) 检索有关清远市的地方志有哪些。

巩固任务

(1) 检索期刊《中国医院药学杂志》的基本情况。
(2) 检索《中国药学杂志》2015年共刊登了多少篇文献。
(3) 检索2015年清远职业技术学院教师共发表文章多少篇。
(4) 检索受广东省医学科研基金资助,2015年发表的文献共多少篇。
(5) 检索药学的期刊有哪些,其中核心期刊有哪些。
(6) 检索药学的年鉴及工具书有哪些。
(7) 检索有关普伐他汀的学位论文和报纸报道有哪些。

拓展任务

(1) 检索1960年至2016年治疗狐臭(同义词腋臭)的文献有哪些。
(2) 检索2015年有关药学国际会议发表的文献有哪些。
(3) 检索药剂科专业最近一个月发表的文献有哪些。
(4) 检索第一作者为李高,2000年至2016年发表的文献有哪些。
(5) 检索学者李高发表文献情况,以及研究的主要方向。
(6) 检索中药紫云英相关的科技成果有哪些。

任务三 获取免费全文技术

一、必备知识

(一) PMID

PubMed 唯一标识码(PubMed Unique Identifier)的简称,PubMed 分配给每一篇文献的唯一 ID。每一个 PMID 编号都对应着唯一的文献。

(二) URL

统一资源定位符(Uniform Resource Locator)的简称,在环球信息网上,每一信息资源都有统一的且在网上唯一的地址,该地址就叫URL,它是环球信息网的统一资源定位标志,就是指网络地址。

二、获取国内免费全文技术

(一) 全国图书馆参考咨询联盟(http://www.ucdrs.net/)

全国图书馆参考咨询联盟是在全国文化信息资源共享工程国家中心指导下,由我国公共、教育、科技系统图书馆合作建立的公益性服务机构,其宗旨是以数字图书馆馆藏资源为基础,以因特网的丰富信息资源和各种信息搜寻技术为依托,为社会提供免费的网上参考咨询和文献远程传递服务。

全国图书馆参考咨询联盟拥有我国目前最大规模的中文数字化资源库群:电子图书120万种,期刊论文4000多万篇,博硕士论文300万篇,会议论文30万篇,外文期刊论文500万篇,国家标准和行业标准7万件,专利说明书86万件,以及全国公共图书馆建立的规模庞大的地方文献数据库和特色资源库,提供网络表单咨询、文献咨询、电话咨询和实时在线咨询等多种方式的服务。全国图书馆参考咨询联盟实行资源共享和免费服务政策。

(1)简单检索途径:首页检索窗输入关键词,选择图书、期刊、报纸、学位论文、会议论文、专利、标准、视频的任意一种,可选全部字段或书名、作者、主题词,然后点击中文搜索或外文搜索。在检索结果中选择所需要的文献,点击邮箱接收全文。输入电子邮箱、验证码,点击确认提交。参加联盟的图书馆参考咨询员将把文献发送到指定的邮箱。首次使用需要先注册,已经注册的用户,可直接登录。

(2)高级检索途径:在首页检索窗点击高级检索,可同时限定书名、作者、主题词、出版社、ISBN等检索。

(3)专业检索途径:在首页检索窗点击高级检索,再切换至专业检索。专业检索方法可参考检索规则说明。

(4)表单咨询:如果需要的资源在首页直接检索不到,或者对文献检索、传递和利用有任何咨询,可使用表单咨询。

(5)知识咨询:如果咨询有关百科知识,请使用知识咨询。咨询标题、电子邮箱、验证码和详细描述,都是必填项。

（6）实时咨询台：提供了QQ在线咨询服务。可点击咨询员01、02、03在线咨询或点击联盟图书馆，再点击在线咨询。

（7）电话咨询：提供了咨询电话供人工咨询使用。

（二）丁香园文献求助平台（http://paper.pubmed.cn/）

可求助的文献包括：PubMed文献、中文文献、电子书、封面等。注册丁香园成为会员后，可发布求助文献信息。

(1) 通过 PMID 发起文献求助。输入 PMID,点击赐予我文献。

(2) 通过网址发起文献求助。中文文献需要输入文献 URL 地址。即在 CNKI 或维普、万方数据库中文献的全文网址。

(3) 通过手工填写发起文献求助:红色 * 表示必填项目。

(4) 求助电子书,需要输入电子书的 ISBN 号。

(5) 求助封面,需要输入期刊全名、年份,卷(期),ISSN/ISBN,才能发布求助。

三、获取国外免费全文技术

(一) Highwire(http://www.highwire.org/)

Highwire 是全球最大的提供免费全文的学术文献出版商,于 1995 年由美国斯坦福大学图书馆创立。HighWire 是一个领先的出版平台,HighWire 出版社的合作伙伴与独立的学术出版商、社团、协会和大学出版社合作出版 3000 余种期刊、书籍、参考书。进入首页,首页右栏是一个注册登录窗口,可以通过电子邮件注册让用户创设一个免费账号,输入邮箱地址与密码实现登录。点击 Free online full-text articles,titles,and back issues,点击 Search,

进入高级检索页面,限定检索的范围。Anywhere in Text(文章中任意字段)、Title & Abstract only(仅题名和摘要)、Title only(仅题名)、Authors(作者);引用的年(Year)、卷(Vol)、页(Page)。进一步缩小检索范围,包括限定出版时间(Dates,through)以及 Highwire 出版的内容、包括 Pubmed、仅我的偏好(My favorite only);仅综述(Reviews only)。

（二）免费医学杂志网(http://www.freemedicaljournals.com/)

提供了全部免费的医学生物学相关期刊的全文链接,网站可以检索 4832 余种开放式获取的医学期刊,另包括医学教科书和书籍。在方框中输入关键词,点击 Search 即可检索杂志。

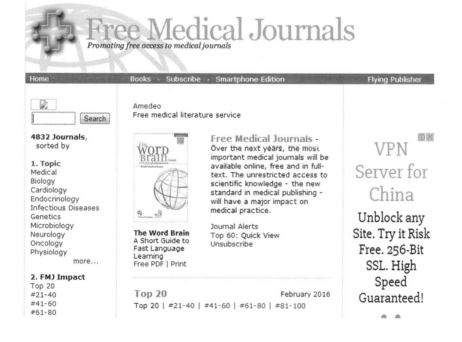

(1) 某公司未购买全文数据库,公司正在研究关于治疗白发的新药,需要求助题目为"云南傣族白发少"的文献。
(2) 求助题目含"麻杏甘石汤"的文献,作者为伍国章。

(1) 求助电子书,ISBN 号为 9787543943490。
(2) 求助治疗痤疮方面的文献,要求时间为 2014 年至 2016 年。

![拓展任务]

(1) 求助一篇题目为"A comparative study of compaction properties of binary and bi-layer tablets"文章的全文。
(2) 求助《中国医院药学杂志》2015 年 01 期的封面。

任务四　检索药学数据库

一、必备知识

（一）公众查询

针对普通公众提供的查询服务。

（二）专业查询

针对医药学专业技术人员提供的查询服务。

（三）药品本位码

药品本位码属于国家药品编码的一种。药品本位码用于国家药品注册信息管理,是国家批准注册药品唯一的身份标识,药品首次注册登记时赋予本位码;国家药品编码包括本位码、监管码和分类码。本位码由药品国别码、药品类别码、药品本体码、校验码依次连接而成。

二、检索国内药学数据库

（一）国家食品药品监督管理总局(http://www.sfda.gov.cn/)

1. 公众查询

进入国家食品药品监督管理总局首页,点击数据查询,选择公众查询,点击查询。选择相应的查询范围,输入关键词,点击查询。

点击查询结果旁边的＋号,可展开查询的结果。点击更多,可弹出所有查询结果。结果展开后,＋号变为－号,点击－号,可隐藏展开的结果。

点击组合查询,可同时输入几个关键词查询。

2. 专业查询

进入国家食品药品监督管理总局首页,点击数据查询,选择专业查询。

◎ 药 品

国产药品(170342)　　　　药品注册补充申请备案情况公示(175987)　　中药提取物备案公示(902)
国产药品商品名(7107)　　药品注册相关专利信息公开公示(1935)　　　申请人申报受理情况(144603)
药物临床试验机构名单(823)　进口药品(4475)　　　　　　　　　　　药品生产企业(7799)
进口药品商品名(4495)　　　GMP认证(25947)　　　　　　　　　　药品经营企业(140545)
批准的药包材(5760)　　　　药品注册批件发送信息(120088)　　　　GSP认证(151472)
中药保护品种(336)　　　　OTC化学药品说明书范本(1188)　　　　　OTC中药说明书范本(4652)
基本药物生产企业入网目录(3919)　进口药品电子监管工作代理机构(390)　麻醉药品和精神药品品种目录(270)
国家基本药物(2012年版)(520)

专业查询提供快速查询和高级查询两种途径。例如,点击国产药品。

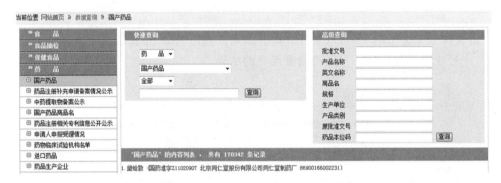

3. 行政许可综合事项查询

进入国家食品药品监督管理总局首页,点击许可服务,行政许可综合事项查询。可查询药品注册进度、中药保护品种评审费到账等信息。

4. 法规文件查询

进入国家食品药品监督管理总局首页,点击信息公开,法规文件。可按照法律行政法规文件、部门规章等查询,也可按照法规文件颁布的年份查询。

5. 申报表及申报软件下载

进入国家食品药品监督管理总局首页,点击首页,申请表及申报软件下载。

基本任务

(1) 查询丽珠集团新北江制药股份有限公司的生产范围、GMP证号。
(2) 该公司生产哪些药品。每种药品的批准文号及药品本位码。
(3) 输入该公司生产的一种药品,检索是否属于2012年基本药物目录。
(4) 输入该公司生产的一种药品,检索是否属于OTC。
(5) 该公司生产的药品有哪些刊登了广告。
(6) 检索辅料甘油的生产厂家有哪些。

巩固任务

(1) 广东省内具备临床前研究、临床研究资质的单位有哪些。
(2) 广东省内可发布处方药广告的医药学刊物有哪些。
(3) 广东省有多少家企业属于国家基本药物生产入网企业。

(4) 咖啡因是否属于精神药品。
(5) 正天丸是否属于中药保护品种。
(6) 检索塑料输液容器用聚丙烯组合盖(拉环式)的生产企业有哪些。

拓展任务

(1) 阿司匹林肠溶片全国有多少家企业生产。
(2) 广东省互联网药品交易企业有多少家。
(3) 检索药包材低硼硅玻璃安瓿的标准。
(4) 检索广东省有多少名执业药师。

(二) 广东省食品药品监督管理局(http://www.gdda.gov.cn/)

依次点击首页网上办事,数据查询,药品(含包材),可进入查询页面。

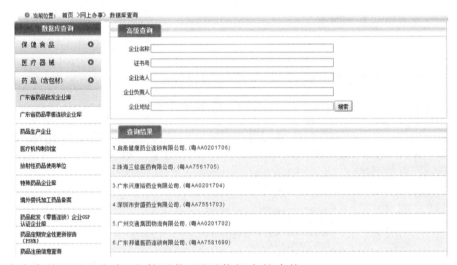

依次点击首页网上办事,文件下载,可下载相应的表格。

依次点击首页网上办事,办事指南,可了解办理业务的流程。

基本任务

(1) 查询广东省清远市药品批发企业有多少家。
(2) 查询广东省湛江市药品零售连锁企业有多少家。
(3) 查询广州市使用类别为"肿瘤医院的放射性药品"的单位有哪些。
(4) 下载一份药品生产质量授权书。
(5) 某集团准备筹建一家药品批发企业,如何知道筹建的流程。

巩固任务

(1) 查询广东省医疗用毒性药品批发经营企业有哪些。
(2) 查询广东省从事第二类精神药品批发经营的企业有哪些。
(3) 查询国际制药厂有限公司委托加工的药品有哪些。
(4) 下载一份医疗机构制剂许可证换发申请表。
(5) 某企业想了解互联网药品信息服务资格证书核发的流程,应该如何办理。

拓展任务

(1) 查询广东省药品批发企业有多少家。
(2) 查询2016年获得广东省生产许可证的药品生产企业有多少家。
(3) 查询配制范围为"洗剂"的广东省医疗机构制剂室有多少家。
(4) 查询2014年广东省零售单体药店有多少家。

(三) 国家食品药品监督管理总局药品审评中心(http://www.cde.org.cn/)

首页的法规与规章,可以浏览新药研发的法律法规及技术规章、评审中心规章、新药研发国内外指导原则。

首页的数据查询,可以浏览的数据信息见下图。

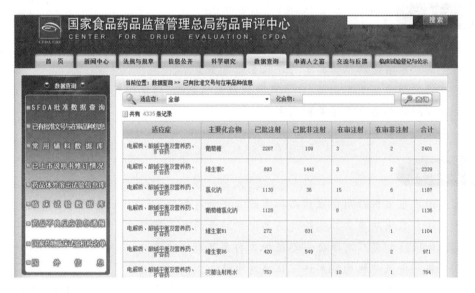

基本任务

(1) 检索国内外药物制剂研究的指导原则。
(2) 检索盐酸米诺环素体外溶出试验信息。
(3) 检索关于修订含毒性中药饮片中成药品种说明书的通知。

（四）国家人口与健康科学数据共享平台药学数据中心（http://pharm.ncmi.cn/）

"国家人口与健康科学数据共享平台药学数据中心"由国家食品药品监督管理总局信息中心和中国医学科学院药物研究所建设。数据库信息涵盖药事管理、药物资源、药物研发、药品生产、药品使用。用户免费注册后即可登录使用。

其中,比较有特色的是药物资源(可检索药用植物生态图片数据库、中药材 X 衍射数据库)、药物研发(药物分析方法数据库)、药品使用(药品不良反应数据库、疾病治疗指南数据库)、临床用药数据库。

基本任务

(1) 检索中药鬼针草的图片及用途。
(2) 检索普伐他汀的分析方法。
(3) 检索阿德福韦酯的不良反应。
(4) 检索高血压病临床治疗指南。

(五) 中医药在线(http://www.cintcm.com/)

中国中医科学院中医药信息研究所自 1984 年开始进行中医药学大型数据库的建设,目前数据库总数 40 余个,数据总量约 110 万条,包括中医药期刊文献数据库、疾病诊疗数据库、各类中药数据库、方剂数据库、民族医药数据库、药品企业数据库、各类国家标准数据库等相关数据库。多类型的中医药数据库,以其充实的数据成为中医药学科雄厚的信息基础。

所有的数据库都可以通过中医药数据库检索系统提供中文(简体、繁体)版联网使用；部分数据提供英文版；所有数据库还可以获取光盘版。

中医药数据库检索系统可以实现单库与多库选择查询。单表数据库检索可选择最专指的一个数据库进行相应字段的检索。多库可以进行跨库、多类检索。

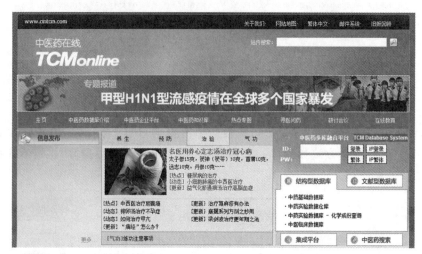

基本任务

检索六味地黄丸的化学试验信息。

（六）药智数据(http://db.yaozh.com/)

首页点击药品研发，与药品研发的数据信息见下图。包括药品注册与受理数据库、中国临床试验数据库、全球临床试验数据库、全球新药研发品种库等。

基本任务

(1) 检索埃索他拉唑注册的有关信息。
(2) 检索更昔洛韦国外新药及新剂型的信息。

三、检索国外药学数据库

（一）DrugBank（http://www.drugbank.ca/）

DrugBank 是一个包含药物的结构、药效、作用靶标等信息的综合数据库，是由 Alberta 大学计算机科学和生物学系的 David Wishart 博士最初建立的，已经被广泛地应用于计算机辅助的药物靶标的发现、药物设计、药物分子对接或筛选、药物活性和作用预测等方面。在查询中，每一种药物对应 1 个药物卡片，即检索结果。每一个药物卡片都包含的数据信息分为药物、靶标和酶三部分。

药物信息包括了该药物的 CAS 号、商品名、分子式、分子质量、SMILES、2D 和 3D 结构、lgP、lgS、pK_a、熔点、吸收性、药物类别和临床使用、性质描述、剂型与给药途径、半衰期、体内的生物转化、毒性、作用于哪些生物体、食物对服用的影响、与其他药物的相互作用、作用机理、代谢途径、药理学特征、与蛋白质的结合情况、溶解度、物质形态、同义词、关于合成的相关文献等，还与 ChEBI、GenBank、PubChem 等外部数据库有链接。

进入首页，检索途径包括化学结构检索（ChemQuery Structure Search）、分子质量检索（Molecular Weight Search）、序列检索（Sequence Search）、高级检索（Advanced Search）等。同时，可支持简单检索，即输入关键词，选择 Drugs 检索。

检索 digoxin 的相关信息。

（二）Thomson Reuters Pharma（http://www.thomsonscientific.com.cn/productsservices/thomsonpharma/）

Thomson Reuters Pharma 是一个综合性全球药物信息平台，为药物发明和研发工作提供了一个重要的信息解决方案和研究工具，其主要是通过信息集成，并在药物研发的不同阶段（研发、临床、上市等）为用户提供个性化的专业信息，包括药物信息、专利信息、化学信息等，构建一个独立的药物信息资源集成平台。它的信息来源于各种医药文献、专利文献、新闻等，提供了两万多种上市和在研药物，近两万家制药公司的相关药物、专利、化学、商业等信息。

（三）其他数据库

1. 项目调研数据库

PharmaProjects：国际上药物研究与开发的商业智能资源，是世界新药开发动态、寻找新药报批机会和市场合作伙伴及市场前景预测的重要数据库。它密切跟踪和关注全球处于开发阶段的每一种候选药物和重要新药,为用户提供产品开发的全面数据资料,其中包括药物名称和代号、开发公司、开发经历和状况、上市情况(批准和上市的国家及时间)、市场前景分析、药理数据(药理作用、适应证的开发、剂量范围、给药途径等)、化学数据(化合物代号、CA注册号、分子质量、分子式、化学名、结构式等)以及专利情况(包括专利申请国家、专利号、专利优先权等)。

Ensemble:介绍了正处于不同研究阶段的 19.9 万个以上的活性化合物,包括 4.3 万个以上的专利文献,引用了超过 33.5 万篇生物医学的参考资料和会议论文,收载了与活性化合物相关的详细的专利、文献和会议资料,可以检索不同研发阶段的化合物、候选药物和上市药物的结构、作用靶标、专利性质、文献报道等,涵盖了全球药物研发和市场各阶段的全方位信息。

Inpharma Database(新药信息全文数据库):美国 Adis 公司推出的药物信息全文数据库。该库主要收录了关于新药物、治疗突破、药物经济学、药物研究与开发、药物反应、药物应用的发展趋势及卫生保健政策等方面的评论性、总结性报告。

Pharma-transfer(药物研究与开发信息库):由美国 UTEK 公司研制的药物研究与开发信息库,可提供药物早期发现、临床前及临床试验、产品注册等信息,为药物合作开发与授权提供机遇。

2. 临床前研究数据库

Derwent Drug File(德温特药学文档):由德温特出版有限公司推出,收录了 1893 年至今几乎所有关于药物科学的文献,年收录量约为 10 万条,数据来源于 1200 种科学出版物,包括世界范围内的期刊和会议记录,其中大约 11% 的资料来源于非英语语种文献,内容涉及药品开发、生产制备、药物评价等方面,包括分析化学、生物化学、内分泌、免疫学、医学、微生物学、制剂学、药理学、生理学、毒理学等。

World Drug Index(世界药物索引):由德温特出版有限公司推出,是世界上已上市药物和正在开发药物的权威索引,提供了每个药物的活性、作用机制、功能主治、生产者、别名以及医学信息。

Xpharm(药理学信息数据库):由爱思维尔公司推出,提供了药剂、分子靶标、相关紊乱以及反应控制机理等信息。

3. 临床研究数据库

ClinicalTrial.Gov(临床试验信息网站):由美国国立卫生研究院通过美国国立医学图书馆与美国 FDA 合作建立的提供临床试验信息的数据库。

Drugs in Clinical Trials Database(药物临床试验数据库):由美国 CenterWatch 信息服务公司研发。该数据库包含 3000 多种药物的从临床 I 期到临床 IV 期的详细研发信息,每周更新。

Pharma Pendium(药物安全信息数据库):由爱思维尔公司公司推出,是以搜索美国 FDA 和欧盟药品监督管理局的批准信息包为特色的产品。Pharma Pendium 能够提供临床前、临床中与上市后的药品安全信息的纵向视图,从而使得研究人员能够确定类似的候选复方药品已经观察到的动物疗效能否适用于人类。

任务五　检索专利信息

一、必备知识

（一）发明专利

对产品、方法或者其改造所提出的新的技术方案。

（二）实用新型专利

对产品的形状、构造或者其结合所提出的适于实用的新的技术方案。

（三）外观设计专利

对产品的形状、图案或者其结合以及色彩与形状、图案的结合所做出的富有美感并适于工业应用的新设计。

（四）发明人

对发明创造的实质性特点作出创造性贡献的人，应当是个人，专利请求书中不得填写单位或者集体。

（五）申请人

职务发明，申请专利的权利属于单位；非职务发明，申请专利的权利属于发明人。

（六）IPC

International Patent Classification，国际专利分类号。

（七）专利族

亦称专利家族，人们把具有共同优先权的在不同国家或国际专利组织多次申请、多次公布或批准的内容相同或基本相同的一组专利文献称作专利族。

（八）专利优先权

专利申请人就其发明创造第一次在某国提出专利申请后，在法定期限内，又就相同主题的发明创造提出专利申请的，根据有关法律规定，其在后申请以第一次专利申请的日期作为其申请日，专利申请人依法享有的这种权利，就是优先权。

二、检索国内专利

（一）国家知识产权局（http://www.sipo.gov.cn/）

首页服务栏目包括了专利申请指南、专利申请、专利检索与查询、表格下载（专利申请有关的法定表格）、文献服务、专利数据服务。

首页底部的相关链接，提供了国外主要知识产权局的网站地址信息。

国际组织		
世界知识产权组织(WIPO)	世界知识产权组织中小企业司(SMEs)	世界贸易组织(WTO)TRIPS专栏
国际植物新品种保护联盟(UPOV)		

地区组织		
非洲知识产权组织(OAPI)	非洲地区工业产权组织(ARIPO)	欧洲专利局(EPO)
比荷卢知识产权组织(BOIP)	欧盟商标与外观设计注册局信息	

国家局（部分）		
阿根廷	澳大利亚	加拿大
巴西	智利	丹麦
捷克	法国	芬兰
德国	美国	印度
意大利	英国	日本
墨西哥	蒙古	荷兰
新西兰	挪威	葡萄牙
俄罗斯	韩国	新加坡
南非	西班牙	瑞典
瑞士	泰国	

点击专利申请指南，申请前可先检索国外专利、专利代理机构；点击申请文件准备，可下载申请专利所需要的相应的文件或表格；点击受理专利申请的部门，可查询专利代办处的通讯地址；点击办理专利申请，可熟悉办理专利申请所需要注意的事项；点击专利费用，可获取不同类型专利的收费情况；点击专利审批程序，可熟悉申请专利的流程。

点击审查中,可浏览审查指南,查询专利收费信息、通知书发文信息等。

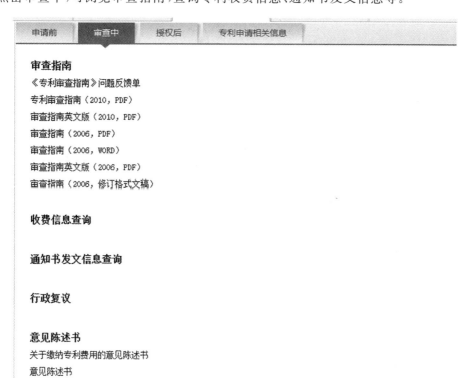

点击授权后,可查询收费信息、专利证书发文信息等。

点击首页的专利检索与查询,注册后方可使用检索功能。点击常规检索,可自动识别或按照检索要素、申请号、公开(公告)号、申请(专利权)人、发明人、发明名称检索。

点击表格检索,可按照不同的方式检索,鼠标放在填充框中,会自动显示填充的注意事项。

点击药物专题检索,选择高级检索,可按照申请号、公开(公告)号、优先权等检索。

点击药物专题检索,选择方剂检索,可按照治疗应用、方剂信息等检索。

点击多功能查询器,可按照 IPC 分类号查询、同族查询、引证/被引证查询等查询。

(二) Soopat(http://www.soopat.com/)

Soopat 具有专利搜索与分析功能,可查询中国专利及世界专利。进入首页,简单检索模式如下图。

表格检索模式可按照申请(专利)号、名称等多种检索方法检索。

国际专利分类号(IPC)检索模式如下图。

世界专利的检索模式包括：简单搜索、高级搜索、IPC搜索、引文搜索、专利族搜索。

专利分析界面如下图。

(三) 广东省知识产权公共信息服务平台 (http://www.gdzl.gov.cn/)

进入首页,点击重点行业数据库,选择世界药物行业专利数据库。检索模式包括简单检索、表格检索、高级检索、专利分类检索、统计分析等。

(四) 世界传统药物专利数据库 (http://demo.wtmpd.com/)

世界传统药物专利数据库(WTM)由东方灵盾开发,整合了多国专利资源,是世界上最早和唯一的传统药物专利数据库,是一个经过专业化深加工的中英文双语种的世界专利数据库。该数据库收录了 1985 年以来世界上 20 个国家和国际组织的天然药物及其提取物的 8 万余条专利信息。所有包含天然药物的联合用药、制剂方法、新治疗用途、制备方法、种植方法、分析方法的专利,以及兽药、有治疗作用的化妆品和洗涤剂等方面的专利均予以收录。检索途径包括:简单检索、表格检索、高级检索、IPC 分类检索、方剂相似性检索、天然药物检索、化学物质检索、同义词检索等。

（五）国家食品药品监督管理总局(http://www.sfda.gov.cn/)

在网站首页点击数据查询，进入药品注册相关专利信息公开公示。

○ 药　品

国产药品(171137)　　　　　　药品注册补充申请备案情况公示(180169)
国产药品商品名(7151)　　　　药品注册相关专利信息公开公示(1935)
药物临床试验机构名单(822)　 进口药品(4525)
进口药品商品名(4691)　　　　GMP认证(26660)
批准的药包材(5992)　　　　　药品注册批件发送信息(123594)
中药保护品种(309)　　　　　 OTC化学药品说明书范本(1189)
基本药物生产企业入网目录(3919)　进口药品电子监管工作代理机构(390)
国家基本药物（2012年版）(520)

可快速查询，也可以按照药品受理号、药品名称、专利名称等高级查询。

三、检索国外专利

（一）药物在线(http://www.drugfuture.com/)

可打包下载中国专利、欧洲专利、美国专利、FDA 药品专利库。

其中,下载专利需要以专利申请号或公开(公告)号为检索词。下载的注意事项见下图。

中国专利全文打包下载

请输入中国专利申请号：　　　　　　查询　　1 专利查询　　4 发明专利
中国专利公开(公告)号：　　　　　　查询　　2 专利申请费用　　5 中药材现货交易
　　　　　　　　　　　　　　　　　　　　3 专利检索　　6 代理记账收费

格式：1、中国专利申请号,不加前缀CN,可以省略小数点后数字。
　　　2、中国专利公开(公告)号,含前缀CN,不加最后一位类别码字母。以上格式与国家知识产权局专利网站完全一致。
　　　(查询条件任选其一即可)

说明：1、专利全文自动打包并打开下载,一次性完成整个专利全文下载而不需要一页页保存。
　　　2、支持全文在线查看功能。
　　　3、专利原文基于中国国家知识产权局专利说明书。
　　　4、选择查询后服务器将进行处理,并自动打开下载页,如果全文页数较多,则需较长时间,请耐心等待。
　　　　选择PDF极速版下载选项则不需等待,即时打开下载。
　　　5、可以免费下载中国1985年至今的所有专利说明书。
　　　6、全面支持申请公开说明书、审定授权说明书的打包下载。
　　　7、全面支持发明专利、实用新型专利、外观设计专利。
　　　8、全面支持Adobe PDF格式、TIF图片格式(打包为ZIP格式压缩文件)下载。
若没有专利申请号或公开号,请先在国家知识产权局进行专利检索,获取申请号或公开号后再进行下载。

提示：现已全面支持中国专利PDF格式全文、TIF格式全文打包下载,欢迎使用!

(二) 欧洲专利局(http://ep.espacenet.com/)

欧洲专利局的检索途径见表3。

表3　欧洲专利局的检索途径

检索方式(英文)	检索方式(中文)
Smart Search	智能检索
Advanced Search	高级检索
Classification Search	分类检索

智能检索见下图。最多可键入20个检索词,检索词之间需用空格或用逻辑符号连接。

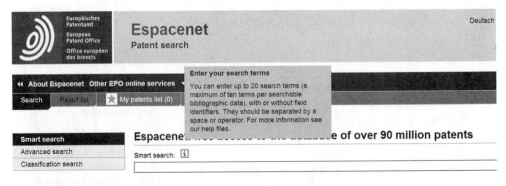

高级检索见下图。首先可选择需要检索的范围：欧洲专利局收录的国际90多个国家的专利；欧洲专利全文；世界知识产权组织专利全文。然后可选择相应的检索词检索。

分类检索见下图,可选择关键词或分类号检索。

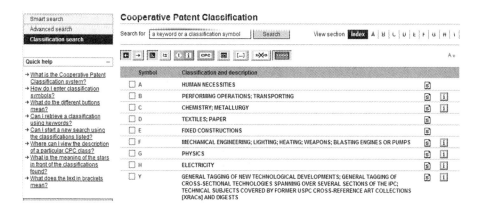

（三）美国专利和商标局（http://patft.uspto.gov/）

快速检索途径,检索词 1 与检索词 2 之间可以用逻辑符 AND、OR、ANDNOT 连接。检索区域包括:专利名称、摘要、公布日期、专利号等。

高级检索途径,检索词需要键入检索（Query）窗口。窗口右边列举了检索实例。窗口下面为检索范围的缩写及全称。

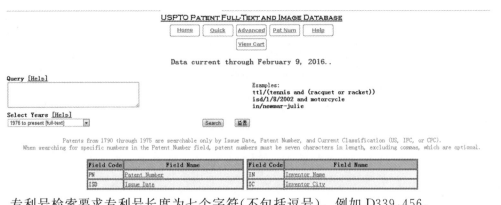

专利号检索要求专利号长度为七个字符（不包括逗号）。例如 D339,456。

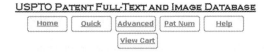

(1) 某制药厂研发部准备开发新药埃索美拉唑镁的相关制剂,请检索国内是否有同类专利申请。

(2) 某制药厂研发部准备申请埃索美拉唑镁相关制剂的发明专利,请检索:提交发明专利申请需要下载的文件、申请的费用、申请的流程。

(1) 某制药厂研发部准备开发新药埃索美拉唑镁的相关制剂,请下载中国相关的发明专利全文。

(2) 某制药厂研发部准备开发新药埃索美拉唑镁的相关制剂,请分析中国相关发明专利的情况。

(1) 某制药厂研发部准备开发新药埃索美拉唑镁的相关制剂,请检索并下载欧洲专利局相关的专利。

(2) 某制药厂研发部准备开发新药埃索美拉唑镁的相关制剂,请检索并下载美国相关的专利。

(3) 检索中药龙葵相关的专利。

任务六　检索药品说明书、毒理信息

一、必备知识

(一) 超说明书用药

超说明书用药是药品使用的适应证、给药方法或剂量不在药品监督管理部门批准的说明书之内的用法。药品未注册用法的具体含义包括给药剂量、适应人群、适应证或给药途径等与药品说明书不同的用法。超说明书用药即"药品未注册用法",超说明书用药是医师、药师所享有的一种国际通行职业权利,也是一种合法的用药行为。

(二) CAS 登录号

美国化学会的下设组织化学文摘社(Chemical Abstracts Service,简称 CAS)为每一种出现在文献中的物质分配一个 CAS 编号,使数据库的检索更为方便。其 CAS 编号在生物化学上便成为物质唯一识别码的代称,又称 CAS 登录号或 CAS 登记号码,是某种物质的唯一的数字识别号码。

二、检索药品说明书信息

（一）药智数据（http://db.yaozh.com/）

可检索美国 FDA 药品说明书、日本药品说明书等。

支持模糊查询及精确查询，可下载药品说明书的扫描文件或查看全文（网页格式）。

超说明书用药数据库可按照药品名称或适应证检索。

注：书中正文用适应证。

（二）丁香园用药助手

简单检索模式如下图。

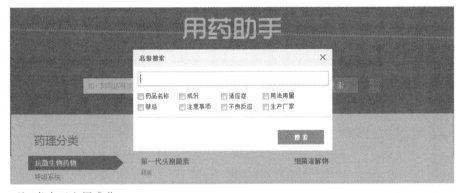

高级搜索模式,可选择药品名称、成分等进行检索。

注:书中正文用成分。

(三) 药源网(http://www.yaopinnet.com/)

点击首页的说明书,进入查询页面,可通过输入关键词,也可按照字母检索。

(四) 药物在线(http://www.drugfuture.com/)

药物在线美国药品 NDC(National Drug Code,国家药品编码)与药品说明书数据库,集成了数据库,并收录了所有在美国上市或曾经上市的药品的说明书全文。该数据库每周更新。

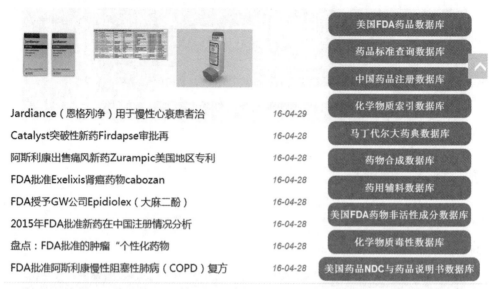

搜索方法包括简单搜索和高级搜索,搜索条件支持模糊查询和组合查询,各条件间关系为逻辑与。

(五)美国 FDA(http://www.accessdata.fda.gov/scripts/cder/drugsatfda/index.cfm)

简单检索途径:进入检索页面,在 Search by Drug Name(药品名称),Active Ingredient(活性成分),or Application Number(申请号)下输入关键词,点击 Submit,若出现 Label information,则表明收载有该药品说明书,若出现 Labels are not available,则表明未收载。

高级检索（Advanced Search）途径有三种检索方法：输入药品名称或活性成分，批准或增补日期；申请号；批准或增补日期。

（六）英国电子药物汇编（http://emc.medicines.org.uk/）

英国电子药物汇编（electronic Medicines Compendium，eMC），该网站提供了在英国注册的供医生参考的药品信息摘要（Summaries of Product Characteristics，SPC）和供患者参考的患者信息活页（Patient Information Leaflets，PIL），并且内容不断更新。可依据药品商品名、通用名或生产厂家检索。

简单检索途径：输入药品名称或企业名称，点击 GO 即可。

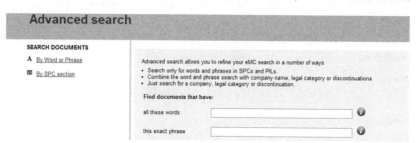

高级检索(Advanced Search)途径:输入词或词组检索(By Word or Phrase)。

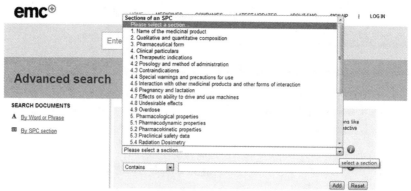

高级检索(Advanced Search)途径:限定说明书项目检索(By SPC section)。

(1) 检索在中国上市的普伐他汀片说明书。
(2) 检索治疗痤疮的药品说明书。

(1) 检索并下载普伐他汀片英国药品说明书。
(2) 检索并下载普伐他汀片美国药品说明书。

拓展任务

(1) 检索普伐他汀片日本药品说明书。
(2) 检索普伐他汀片在欧盟其他任一国家的药品说明书。

三、检索毒理学信息

（一）药物在线（http://www.drugfuture.com/）

点击首页的化学物质毒性数据库，进入查询页面，在线查询化学物质毒性数据库，以英文通用名、化学名、商品名、CA 登记号、RTECS 登记号及同义名等为关键字，支持模糊检索。

（二）TOXNET 数据库（http://toxnet.nlm.nih.gov/）

TOXNET（Toxicology Data Network）是美国国立医学图书馆的一组数据库的总称，其内容包括毒理学和有害化学物质及其相关领域的信息，目前 TOXNET 共有 16 个数据库。访问量最多的 3 个数据库如下。HSDB（Hazardous Substances Data Bank）：收录 5000 余种有害化学物质的毒理学数据库，具体包括有害化学物质对人的危害、工业卫生、紧急事故处理程序、环境灾难、控制条件等内容。TOXLINE（Toxicology Information Online）：一种文献型数据库，内容涉及药物及其他化学品的生物化学、药理学、生理学和毒理学效应。目前，该库收录了 1990 年以来的 400 余万条书目记录，每条记录几乎都有文摘、标引词和化学文摘社登记号。ChemIDplus：收录 40 万种化学物质（名称、别名、结构），以便化学物质的鉴定。

LacMed（Drugs and Lactation Database）：药物与哺乳数据库，收录药物与其他化学物质对哺乳的影响。DART（Developmental and Reproductive Toxicology Database）：畸胎学与发育及生殖毒理学数据库。TOXMAP：环境健康地图。TRI（Toxic Chemical Release Inventory）是年度编辑的系列性数据库，这些数据库共同组成 TOXNET 的有毒物质排放库。CTD（Comparative Toxicogenomics Database）：比较毒性基因组学数据库，解释化学物质、基因与人类疾病的关系。Household Products Database：家庭化学物质毒性数据库，收录 1 万余种家庭常用化学物质对健康潜在的影响。Haz-Map：职业或危险任务与职业病和症状的关联地图。IRIS（Integrated Risk Information System）是由美国环境保护局编辑的事实型数据库，共有 500 多种化学物质的记录，其内容包括有关人类健康风险评定方面的数据，主要涉及危害的鉴定及剂量-反应评估。ITER（International Toxicity Estimates for Risk）：国际毒性风险评估，收录 600 多种化学物质的风险信息。ALTBIB（Resources for Alternatives to the Use of Live Vertebrates in Biomedical Research and Testing）：生物医学研究实验中活的脊椎动物代用品资源。CCRIS（Chemical Carcinogenesis Research Information System）是由美国国家癌症研究所开发和维护的事实型数据库，内容包括大约 8000 种化学物质的致癌性、致畸性、促瘤与抑瘤方面的试验结果。CPDB（Carcinogenic Potency Database）：潜在致癌物毒性数据库,基于 6540 次慢性、长期致癌动物试验的标准分析结果。GENE TOX(Genetic Toxicology):内容包括 3000 多种化学物质的遗传毒理学(致畸性)试验数据。

简单检索途径:可输入关键词,选择所有的数据库或者选择特定的数据库。

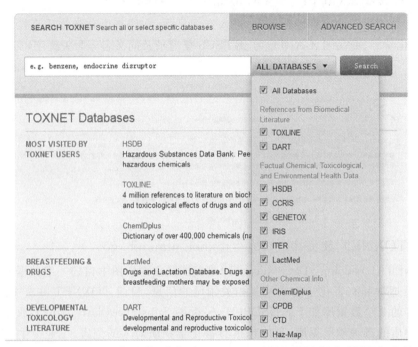

浏览途径:可输入关键词、化学物质名称、CAS 登记号,选择所有数据库或特定的数据库浏览信息。

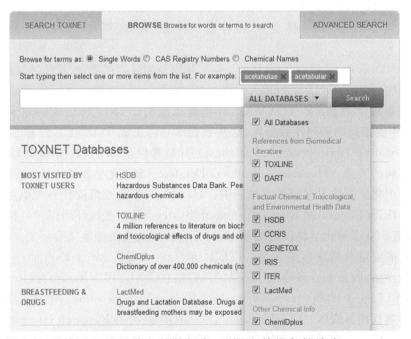

高级检索途径:首先需要选择特定的数据库,再限定其他条件检索。

模块一　检索药品研发信息

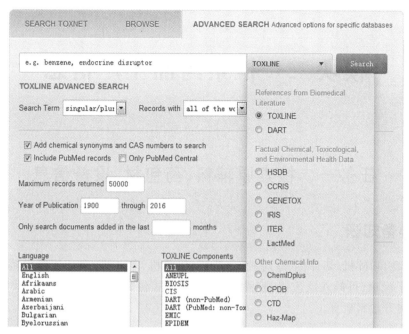

(1) 检索阿司匹林的化学毒性。
(2) 检索阿司匹林对哺乳的影响。

(1) 检索甲醇的毒性。
(2) 检索阿德福韦酯的毒性。

(1) 在 TOXNET 网站检索辅料微晶纤维素(microcrystalline cellulose)的毒性。
(2) 在 TOXNET 网站检索阿司匹林 2015 年发现的化学毒性。

模块二　检索药品生产信息

任务一　检索原辅料、药包材、设备信息

一、必备知识

制药设备:粉碎机、切片机、炒药机、煎药机、压片机、制丸机、多功能提取罐、储液罐、配液罐、减压干燥箱、可倾式反应锅、胶囊灌装机、泡罩式包装机、颗粒包装机、散剂包装机、V型混合机、提升加料机等。

二、检索原辅料、药包材信息

（一）健康网（http://www.healthoo.com/）

健康网为医药企业提供制剂成药、中药材、科研信息、原料药、医药、动物用药、医疗器械、保健食品、医疗信息等医药行业的有偿信息服务及行业研究报告。

该网站可检索药用辅料、医药原料及药包材购销信息，特别是能提供辅料及药包材的价格参考信息。

（二）国际药物制剂网（http://www.phexcom.cn/）

网站首页的数据中心提供药用辅料数据、药用辅料批文、药用辅料标准、药用辅料应用检索。

（三）丁香园（http://pharmaceutics.dxy.cn/bbs/）

丁香园论坛制剂技术板块提供了原辅料、药包材、设备的讨论或求助信息。

（四）药智数据（http://db.yaozh.com/）

药智数据是一个综合性的数据库，涵盖药品研发、生产检验、合理用药、市场信息、中药材、医疗器械、食品、化妆品等。其中，CHEMPHARM 包括了药用辅料数据库、FDA 批准辅料数据库等。

(五) 药物在线 (http://www.drugfuture.com/)

该数据库基于药用辅料手册，可在线查询，也可以浏览全文版的电子书。

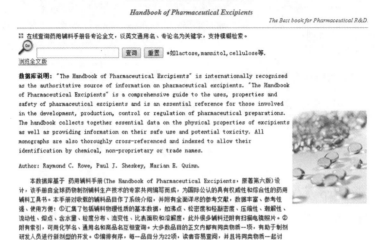

(六) 美国 FDA (http://www.accessdata.fda.gov/scripts/cder/iig/index.cfm)

该网站提供了美国 FDA 批准的药物非活性成分数据库供查询。

输入 Lactose(乳糖)，检索结果如下：

（七）检索辅料信息的工具书

（1）国内常用的工具书有:《中国药典》、《药用辅料手册》、《药用辅料应用技术》、《最新国家药用辅料标准手册》。

（2）国外常用的工具书有:《Pharmaceutical Excipients》、《Handbook of Pharmaceutical Excipients》。

某制药厂欲购买原料药依巴斯汀,请检索可向国内外哪些厂家购买、其标准及批准文号信息。

某制药厂欲购买乳糖,请检索可向国内外哪些厂家购买、其辅料标准、批准文号及价格,以及乳糖在应用时其用量控制在多大范围。

某药物研究所在研发新药时应用到辅料矫味剂阿斯巴甜,在检索其标准时发现国内无药用标准,请检索国外是否有药用标准。

三、检索设备信息

（一）中国制药装备行业协会(http://www.phmacn.com/)

中国制药装备行业协会是非营利行业性社会团体,成立于1991年。协会宗旨是双向服务,既为政府服务,又为企业服务,在政府与企业之间起着桥梁和纽带的作用。进入首页,点击产品展示,可按照产品分类浏览,也可按照产品类别、生产厂商、产品名称、规格型号检索。

（二）中国制药设备网(http://www.pm8.cn/)

在中国制药设备网可检索制药设备产品、采购、企业、展会、技术等信息。

某制药厂欲购买一台高效液相色谱仪及一台旋转压片机,请检索可向哪些厂家购买。

某制药厂使用的药物溶出度测定仪配件转篮出现了损坏现象,请检索可向哪些厂家购买该配件。

某制药厂欲购买自动进样药物溶出度测定仪,请检索可向国外哪些厂家购买。

模块三　检索药品检验信息

任务一　检索药品、辅料、药包材标准

一、必备知识

(一) 药品标准

药品标准是国家对药品的质量规格及检验方法所作的技术规定，是药品的生产、流通、使用及检验、监督管理部门共同遵循的法定依据。

(二) 辅料

辅料也称为药物非活性成分，指生产药品和调配处方时使用的赋形剂和附加剂；是除活性成分以外，在安全性方面已进行了合理的评估，且包含在药物制剂中的物质。

(三) 药包材

直接接触药品的包装材料和容器，简称药包材。

(四) 标准物质

药品标准物质是指供药品标准中物理和化学测试及生物方法试验用，具有确定特性量值，用于校准设备、评价测量方法或者给供试药品赋值的物质，包括标准品、对照品、对照药材、参考品。

二、检索药品、辅料、药包材标准

(一) 药物在线(http://www.drugfuture.com/)

打开首页，点击药品标准查询数据库。特点是标准比较齐全，包括国家标准、部颁标准以及《美国药典》、《英国药典》、《欧洲药典》、《日本药典》、《印度药典》等标准，并且可以免费下载全文。

药品标准查询数据库
Drug Standard Database

在线查询药品标准数据库，以药品通用名、专论名为关键字，支持模糊检索。

数据库说明：本数据库收载国内外药品标准及药典目录及全文。

本站已开通马丁代尔大药典在线查询，可下载PDF全文，前往查询。

最新收载欧洲药典EP8.6目录，中国药典2015年版PDF全文！

最新收载美国药典USP35-NF30全文（包括PDF版、网页版），日本药典JP16版（JP XVI）英文版与日文版标准全文！

最新收载英国药典BP2013全文，含EP7.6、EP7.7全部专论！

最新收载新增印度药典（Indian Pharmacopoeia，简称IP）2010年版在线查询标准全文！

（1）国外药典标准提供全文包括：

美国药典USP35-NF30、USP32-NF27；

打开首页，点击药物非活性成分（辅料）数据库，可检索美国FDA批准辅料的数据信息。

美国FDA批准药物非活性成分数据库
Inactive Ingredient Search for Approved Drug Products

非活性成分名称(Inactive Ingredient)：　　例如：lactose、mannitol等。
给药途径(Route)：　　例如：oral、TOPICAL等。
剂型(Dosage Form)：　　例如：Tablet、Capsule、Solution等。
CAS登记号(CAS Number)：　　注：美国化学文摘登记号。
唯一标识码(Unique Ingredient Identifier)：　　注：美国药典/FDA物质登记系统唯一标识码。

数据库说明：
1、本数据库为FDA批准药物所使用的非活性成分数据库，即FDA上市产品中包含的辅料信息数据。
2、检索条件支持模糊查询，各输入条件间的检索关系为逻辑与（即AND关系）。
3、检索结果包括：非活性成分名称、给药途径、剂型、CAS登记号、美国药典/FDA物质登记系统唯一标识码、处方中辅料使用量。
4、利用本数据库可以为药物研究开发者提供辅料的安全用量的事实性数据。
5、数据更新与FDA同步，当前数据量：13081条，最后更新日期：2015/07/31。

重要更新：药用辅料手册在线版已经开通，可直接查询药用辅料的性质、特点、途径及使用方法等。

相关数据库：美国FDA上市药品检索系统

药用辅料手册(Handbook of Pharmaceutical Excipients)

Drug Information Express, Drug R&D, Chemical Database, Patent Search.
Copyright © 2006-2016 Drug Future. All rights reserved Contact Us

打开首页，点击化学物质索引数据库，包含大量具药理活性及生物活性的物质信息。

化学物质索引数据库
Chemical Index Database

物质名称(英文名)：　　　　　　　　　注：包含化学名、通用名、商标名、异名等的全名或部分(大于3个字符)，如Ceftriaxone, Adefovir.
CA登记号(CAS Registry Number)：　　　注：美国化学文摘登记号
参考文献(Literature References)：　　　注：查询涉及的参考文献(大于3个字符)
药理活性(Keywords)：　　　　　　　　注：查询药理活性分类(大于3个字符)
用途(Usages)：　　　　　　　　　　　注：大于3个字符
治疗分类(Therapeutic Category)：　　　注：大于3个字符
分子式(Molecular Formula)：　　　　　如：C16H21N7O7S3, C17H15N3O6.
分子量(Molecular Weight)：
熔点(Melting Point)：　　　　　　　　注：熔点值，以摄氏度为单位
沸点(Boiling Point)：　　　　　　　　注：沸点值，以摄氏度为单位
解离常数(pKa)：
比旋度(Optical Rotation)：　　　　　　注：可仅输入大致比旋度值
油水分配系数(LogP)：　　　　　　　　注：可仅输入大致LogP值
最大吸收值(Absorption Maximum)：　　注：可仅输入大致吸收峰值
密度(Density)：
折光率(Index of Refraction)：
毒性数据(Toxicity)：　　　　　　　　注：输入毒理数据，如当LD50值范围为3400-3500mg/kg，则可输入3450.

(二) 药智数据(http://db.yaozh.com/)

药智数据是一个综合性的数据库，涵盖药品研发、生产检验、合理用药、市场信息、中药材、医疗器械、食品、化妆品等。其中，生产检验包括了中国药品标准、中国药典附录、国外药典在线、红外光谱图、色谱图数据库、药包材标准、批准的药包材等实用信息。

(三) 国家食品药品监督管理总局药品审评中心(http://www.cde.org.cn/)

打开首页，点击数据查询中的常用辅料数据库。可按照辅料名称或CAS号检索辅料的详细信息。

打开首页,点击数据查询中的药品体外溶出试验信息库。可检索日本厚生劳动省医药安全局药品体外溶出试验详细信息。

（四）中国食品药品检定研究院(http://www.nicpbp.org.cn)

打开首页,点击标准及补充检验方法查询,可检索药包材标准、药包材标准替代对照表、药品补充检验方法和检验项目等信息。

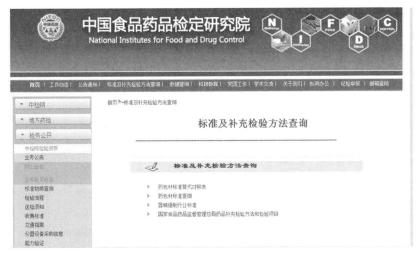

打开首页,点击数据查询,可检索检验进度、进口药品报告书等。

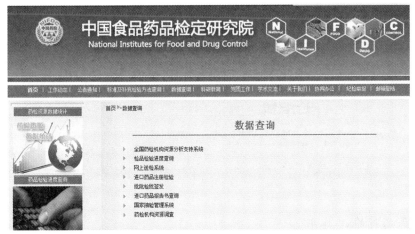

打开首页,点击标准物质查询,可按照标准品编号或标准品中文名称检索可供应的标准品。

(五)广东省药品检验所(http://www.gdidc.org.cn/)

点击首页业务大厅,进入数据库查询。可查询国内药品标准目录,检索的入口包括所有字段、电子版、药品名称、标准编号等。

点击首页业务大厅,进入网上商城。可检索图书或标准物质的价格信息。

(六)药品标准工具书

(1)国内:《中国药典》、《国家药包材标准》、《药品红外光谱集》、《中药薄层色谱彩色图集》、《中国中药材真伪鉴别图典》、《中药饮片与方剂编码规则及其应用》、《新药转正国家标准》、《部颁国家药品标准》、《中国医院制剂规范》、《广东省中药饮片炮制规范》等。

(2)国外:《美国药典》(USP)、《英国药典》(BP)、《欧洲药典》(EP)、《日本药典》(JP)等。

(1)检索马来酸曲美布汀的药品标准有哪些,其是否有标准物质购买。

(2)检索《中国药典》微溶指溶解度为多少。

(3)检索《中国药典》溶出度的测定方法有哪几种。

(4)检索《中国药典》阿司匹林肠溶片的标准。

(5)检索《中国药典》辅料微晶纤维素的质量标准。

(6)检索药包材低硼硅玻璃输液瓶的质量标准。

巩固任务

(1) 检索《中国药典》制剂通则中关于片剂的规定。
(2) 检索阿司匹林肠溶片(Aspirin enteric coated tablets)的《美国药典》标准。
(3) 检索阿司匹林肠溶片(Aspirin enteric coated tablets)的《英国药典》标准。
(4) 检索清热散结胶囊的质量标准。
(5) 检索广东省药品检验所溶出度测定的收费标准。
(6) 检索广东省药品检验所灰黄霉素标准品的价格信息。

拓展任务

(1) 检索阿司匹林肠溶片(Aspirin enteric coated tablets)的《欧洲药典》标准。
(2) 检索阿司匹林肠溶片(Aspirin enteric coated tablets)的《日本药典》标准。

任务二 检索药品检验信息

一、必备知识

(一) 色谱

色谱又称色层法或层析法,是一种物理化学分析方法,它利用不同溶质(样品)与固定相和流动相之间的作用力(分配、吸附、离子交换等)的差别,当两相做相对移动时,各溶质在两相间进行多次平衡,使各溶质达到相互分离。

(二) 标准操作规程

标准操作规程(Standard Operation Procedure,SOP)即标准作业程序,就是将某一事件的标准操作步骤和要求以统一的格式描述出来,用来指导和规范日常的工作。SOP的精髓,就是将细节进行量化。

二、网络检索

(一) 化学信息网(http://chin.csdl.ac.cn/)

化学学科信息门户是中国科学院知识创新工程科技基础设施建设专项"国家科学数字图书馆项目"的子项目,化学学科信息门户建设的目标是面向化学学科,建立并可靠运行Internet化学专业信息资源和信息服务的门户网站,提供权威和可靠的化学信息导航,整合文献信息资源系统及其检索利用,并逐步支持开放式集成定制。

打开首页,点击化学数据库,与药品检验相关的包括:物性数据库、谱图数据库(包括红外谱图、NMR谱图数据库、IR谱图库、原子光谱等)、物质安全数据库、化学反应数据库。

点击化学软件,与药品检验相关的包括:分析化学、化学计量学和数据处理软件。

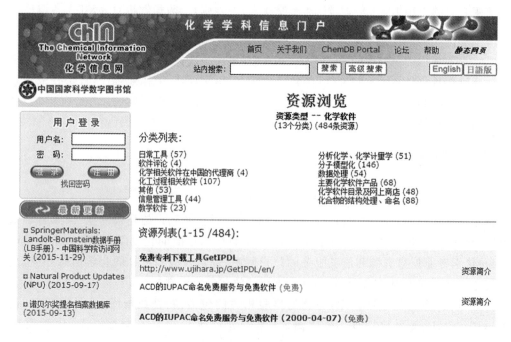

打开首页,浏览学科分类,点击分析化学,可以检索分析化学相关的资源。

（二）化学专业数据库（http://www.organchem.csdb.cn/scdb/default.asp）

化学专业数据库是中国科学院上海有机化学研究所承担建设的综合科技信息数据库的重要组成部分，是中国科学院知识创新工程信息化建设的重大专项。上海有机化学研究所的数据库群是服务于化学化工研究和开发的综合性信息系统，可以提供化合物有关的命名、结构、基本性质、毒性、谱学、鉴定方法、化学反应、医药农药应用、天然产物、相关文献和市场供应等信息。

与药品检验有关的数据库包括：核磁谱图数据库、红外谱图数据库、质谱谱图数据库、中药与化学成分数据库、药品数据库、危险化学品安全技术说明书数据库、化学物质分析方法数据库、物质毒性数据库、药物和天然产物数据库等。

（三）色谱数据库（http://www.chemicalphysics.csdb.cn/）

色谱数据库由中国科学院大连化学物理研究所建立，中国科学院大连化学物理研究所是一个应用研究与基础研究并重、具有较强技术开发能力、以承担国家和企业重大项目为主的化学化工研究所。理化性能及分析数据库包含四个子数据库,分别是储氢材料数据库、手性药物数据库、寡糖数据库和色谱数据库。目前已经积累了大量的数据,全部数据将实现数据共享网络服务功能。中国科学院大连化学物理研究所不但要使之成为相关研究领域的有效工具,而且要使它能广泛地为相关生产行业服务。

打开首页,点击色谱数据库,可检索相关物质的色谱信息。

(四)中国色谱网(http://www.sepu.net/)

该网站的特色:提供了色谱学院、讲堂、标准、查询、图书馆、远程课堂,开设了气相色谱、液相色谱、药物分析方面的论坛,还提供了检验方面的产品及厂家信息。

(五)仪器信息网(http://www.instrument.com.cn/)

仪器信息网于1999年开通,是中国第一家科学仪器专业门户网站。致力于为科学仪器行业提供专业化的信息服务和网络应用技术服务。提供了色谱、光谱仪器信息、耗材配件信息、试剂及标准物质信息,开设了仪器论坛。

(六) 其他
(1) 药物分析网(http://www.yaofen.com/)。
(2) 丁香园论坛分析技术讨论版(http://www.dxy.cn/bbs)。

三、药品检验工具书

(1)《中国药品检验标准操作规范与药品检验仪器操作规程》。
(2)《中国药品检验操作规程》。

(1) 检索甲醇的红外谱图、NMR 谱图。
(2) 检索高效液相色谱仪的操作规程。
(3) 检索溶出度测定用微孔滤膜可在哪些公司购买。

在丁香园论坛分析技术讨论版检索溶出度评价方面的信息。

拓展任务

某公司准备购买一台高效液相色谱仪,请在网上检索相应的厂家及技术参数。

模块四　检索药品经营使用信息

任务一　检索合理用药信息

一、必备知识

（一）合理用药

合理用药是指根据疾病种类、患者状况和药理学理论选择最佳的药物及其制剂，制定或调整给药方案，以期安全、有效、经济地防治和治愈疾病的措施。

（二）药物相互作用

药物相互作用（Drug interaction）是指两种或两种以上的药物同时应用时所发生的药效变化，即产生协同（增效）作用、相加（增加）作用、拮抗（减效）作用。

（三）药品商品名

药品商品名（Trade name）是指经国家药品监督管理部门批准的特定企业使用的该药品专用的商品名称，如对乙酰氨基酚是解热镇痛药，它的通用名是乙酰氨基酚，不同药厂生产的含有对乙酰氨基酚的复方制剂，其商品名有百服咛、泰诺林、必理通等。

（四）药品通用名

药品通用名（Generic name）是由中国药典委员会按照《药品通用名称命名原则》组织制定的法定名称，具有强制性和约束性。列入国家药品标准的药品名称为药品的通用名称。已经作为药品通用名称的，该名称不得作为药品商标或商品名使用。

（五）药物警戒

世界卫生组织（WHO）关于药物警戒的定义和目的如下：药物警戒是发现、评价、理解和预防不良反应或其他任何可能与药物有关问题的科学研究与活动。药物警戒不仅涉及药物的不良反应，还涉及与药物相关的其他问题，如不合格药品、药物治疗错误、缺乏有效性的报告、对没有充分科学根据而不被认可的适应证的用药、急慢性中毒的病例报告、与药物相关的病死率的评价、药物的滥用与错用、药物与化学药物、其他药物和食品的不良相互作用。

（六）药物滥用

根据世界卫生组织（WHO）专家委员会的定义，药物滥用是指持续或偶尔过量用药，且与公认的医疗实践不一致或无关。

二、检索国内合理用药信息

（一）用药安全网（http://www.yongyao.net/）

用药安全网作为公益性医药网站，向普通受众免费提供大量专业的医药信息，旨在搭建一个医患交流的平台，为用户在就医、用药、体检等涉及健康的各方面提供个性化的健康援助。网站分大众版和专业版。提供的数据查询包括：药品查询、药企查询、化验检查、疾病查询等。用药实用功能包括：注射用药配伍禁忌、孕妇用药分级查询、药品相互作用查询、细菌感染首选用药、药物剂量换算查询等。

专业版的查询界面如下：

(二) 药智数据 (http://db.yaozh.com/)

药智数据是一个综合性的数据库,涵盖药品研发、生产检验、合理用药、市场信息、中药材、医疗器械、食品、化妆品等。其中,合理用药包括了药品说明书、超说明书用药数据库、临床诊疗指南数据库等。

(三) 临床药师网 (http://www.clinphar.cn/portal.php)

提供了药事管理、抗菌药物、用药咨询、药物警戒等信息,并且开设了论坛。

(四) 国家卫生计生委合理用药专家委员会 (http://www.heliyongyao.org/)

国家卫生计生委合理用药专家委员会成立以来,开展了一系列合理用药的宣传、教育、指导和普及工作,对促进我国临床合理用药、保障医疗质量和医疗安全发挥了重要作用。为进一步加强抗菌药物临床应用管理,先后成立了抗菌药物专业组、抗肿瘤药物专业组、心血管药物专业组、内分泌与代谢药物专业组、临床药学专业组和儿童合理用药专业组。

该网站可检索关于合理用药的政策法规、耐药监测、合理用药、专题频道、会议信息,友情链接全国细菌耐药监测网。

(五)敏思医讯(http://www.mims.com.cn/)

该网站需要注册后方可检索,可检索药物信息、药物辨识图、专科新闻与资讯。简单检索模式见下图。

选择药物信息,点击高级查询。可选择所有术语、任一术语、任一字段检索。

选择药物辨识图,点击高级查询。选择药物的颜色时可支持精确查询及模糊查询。

（六）丁香园论坛(http://www.dxy.cn/bbs/)

丁香园合理用药与药物不良反应讨论版设置了临床药学、合理用药、不良反应、相互作用、药物中毒与抢救、药物信息、疾病知识、医院药事、资源等栏目。

（七）CFDA 药品安全警示(http://www.sfda.gov.cn/WS01/CL0387/)

包括药品不良反应通报、药物警戒快讯、药品不良反应基本常识、药物滥用监测基本常识。

三、检索国外合理用药信息

（一）国际合理用药联盟（http://www.inrud.org/Resources.cfm）

提供了合理用药的工具及资源链接，包括培训资源、数据资源、药物研发、药物信息资源、药物价格资源、药物管理及标准、药物应用、研发方法与工具等。

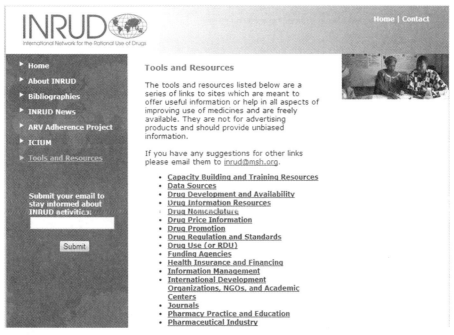

（二）美国安全用药研究所（http://www.ismp.org/）

该网站提供了安全用药培训资源、安全用药的工具及资源、安全用药新闻事件、安全用药与制药产业、美国FDA药物警戒信息。

其中,对于临床药学工作比较重要的是用药工具及资源,包括:不能粉碎服用药物清单、黑框警告、安全用药指导原则、高危药品等。

(三) 药物在线(http://www.drugfuture.com/)

进入首页,点击马丁代尔大药典数据库,可在线查询马丁代尔大药典各药物专论全文,以英文通用名、专论名为关键词,支持模糊检索。

（四）FDA 药物妊娠分级（http://www.safefetus.com/）

可检索 FDA 药物妊娠分级信息。可按照商品名（Trade name）、通用名（Generic name）或药物分类（Classification）检索。

同时可查询药物对胎儿、药物对乳汁的影响。例如选择通用名（Generic name），输入 digoxin，检索结果如下，妊娠分级为 C 级。

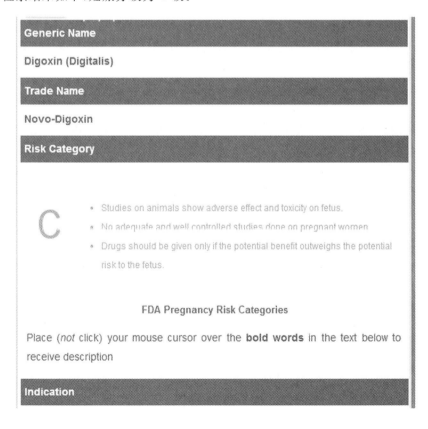

（五）药物相互作用检索（http://www.drugs.com/drug-interactions）

输入药物名称查询，结果显示较严重的、中度和轻微的药物相互作用，并能得到药物与食物或生活方式的相互作用、药物与疾病的相互作用。

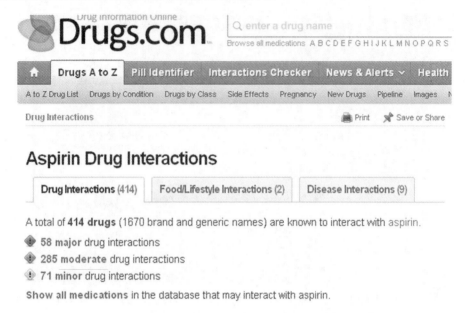

（六）美国 FDA"Med watch"（http://www.fda.gov/Safety/MedWatch/default.htm）

从"What's New"可浏览最新的药物不良反应。

(七) 工具书及软件

1.《新编药物学》

由著名专家陈新谦、金有豫、汤光主编。该书的特点：收载药物品种齐全，反映了医药学理论、治疗方法和创新药物的新进展。该书共收载药物品种 2000 多种，基本包含了目前临床各科的常用药。

2.《中华人民共和国药典临床用药须知》（化学药与生物制品卷）

由国家药典委员会组织全国医药学知名专家编撰，充实了与合理用药关系密切的临床应用以及药物相互作用、使用禁忌等方面内容。因此，其实用性和指导性强。

3.《中华人民共和国药典临床用药须知》（中药卷）

内容丰富，突出中医药理论与中医临床应用，中医与现代药理学、临床医学相结合。

4.《中国医师药师临床用药指南》

由原卫生部合理用药专家委员会组织编写。延续了《MCDEX 药物临床信息参考》一贯严谨、科学、全面、实用的特点，为临床医师和临床药师提供完善的药物信息。本书收载品种齐全，品种收载范围涵盖了国家基本药物、临床常用药物、国内外新上市药物（包括部分国外已上市而国内尚未上市药物）。

5.《马丁代尔药物大典》

本书是一本世界范围内的权威性药物大全，是各国临床医（药）师用药的最终指南。全书收录 6000 余种药物，可查药物的化学名称、理化性质、药物的稳定性和配合禁忌、不良反应及处置方法、注意事项、药物相互作用、用法与用量及相关文献。

6.《维德临床用药年鉴》

由中国药学会参与翻译、审稿和通信联系合作，法国 OVP-维德出版社出版的《维德临床用药手册》（中文版），于 1997 年首版发行，并于 1998 年改名为《维德临床用药年鉴》。《维德临床用药年鉴》是法国乃至欧洲最权威的医药处方工具书。欧洲联盟委员会以《维德临床用药年鉴》（法文版）为标准，公布欧洲目前使用的所有药品信息。

7.《默克索引》

由美国默克公司出版的记录化学药品、药物和生理性物质的综合性百科全书，收录一万多篇有关个别的物质和其相关组别化合物的专题文章。本书也于附录中收录有关有机化学的人名反应。

8.《6759 对药物配伍速查与释疑手册》

全书分为两篇。第一篇是配伍速查，编者对 351 种药物按照《新编药物学》的分类原则进行了分类，并对所有药物均标注一个对应的编号，方便查阅。第二篇是配伍原因的释疑，编者主要从药物配伍后理化性质变化、毒性和不良反应增加以及药理作用特点等方面对禁忌配伍和慎用配伍进行释疑，力求准确。为避免重复查找，编者统一按小序号药物配伍大序号药物进行编写。

9.《孕期与哺乳期用药指南》

查询育龄女性用药风险的可靠信息源。书中评估了孕前、孕期及哺乳期使用的处方药和非处方药，详细写明了每种药物的不良反应、对器官的影响、潜在毒性，以及推荐剂量的风险等内容,还包括中草药、化学制品、环境因素及消遣药的风险信息。

10.《Lexi-Comp's Pediatric Dosage Handbook:Including Neonatal Dosing,Drug Administration, & Extemporaneous Preparations》

儿科剂量手册,包括婴幼儿给药剂量、给药方法、临用制剂等信息。

11. 新编临床用药参考软件

所有资料都经过了中国药学会组织的临床药学专家组的审核。作为一款临床用药参考软件,它具有以下几个主要特点:数据量大,更新及时。包括药品说明书,最新的国家基本药物信息,劳动部及各省市医保信息,OTC、麻醉药品、精神药品、医疗用毒性药品、放射性药品等信息。不良反应信息的个例报道。用药审查数据,涉及药物相互作用、配伍禁忌、交叉过敏、禁慎用情况等。用药指南,实验室检验参考资料。

基本任务

(1) 检索血栓这种疾病的概念。
(2) 检索阿司匹林片与其他药物的相互作用。
(3) 检索阿司匹林的不良反应。
(4) 检索青霉素的配伍禁忌。

巩固任务

(1) 检索阿德福韦酯属于 FDA 妊娠分级的哪一类药物,孕妇是否可以服用。
(2) 检索最新一期的国家药物不良反应信息通报和药物警戒快讯。

拓展任务

(1) 检索甲亢患者有哪些用药禁忌。
(2) 检索阿德福韦酯(Adefovir Dipivoxil)有哪些严重的不良反应,孕妇是否可以服用。

任务二 检索中医药信息

一、必备知识

中药保护品种:国家鼓励研制开发临床有效的中药品种,对质量稳定、疗效确切的中药品种实行分级保护制度。

二、检索中医药信息

(一) 中医药学中心(http://dbcenter.cintcm.com/cms/index.html)

国家人口与健康科学数据共享平台中医药学中心资源包括:中医药事业、中医、中药、针灸、古籍、其他。

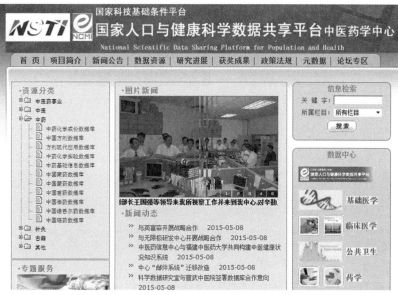

点击数据资源,包括:期刊文献类、中药类、方剂类、药品类、不良反应类、机构类、标准类、其他类。

(二)药智数据(http://db.yaozh.com/)

药智数据是一个综合性的数据库,涵盖药品研发、生产检验、合理用药、市场信息、中药材、医疗器械、食品、化妆品等。其中，中药材子库包括中成药处方数据库、经典中药方剂、药材标准、中药材图谱、药材辞典与现代化研究、中药饮片炮制规范等。

（三）中药材天地网（http://www.zyctd.com/）

中药材天地网为国家工信部中药材行业信息监测预警平台、中国中药协会中药材信息中心官方网站。它主要提供中药材交易平台，汇集海量的药材供求信息，及时的药材价格资讯，资深的药材走势分析，准确的药材产地信息，收录大宗药材近年的价格变化曲线。目前已成为全球最大的中药材专业信息资讯及服务平台。

（四）中药材诚实通（http://www.zyccst.com/）

中药材诚实通是国家商务部中药材行业唯一的电子商务交易示范平台，中药材行业的B2B电子交易平台，它是中药材行业交易模式的先行者，提供中药材市场价格、产地价格、批零价格信息。该网站的宗旨是权威、安全、快捷地服务于药农、药商、药企的网上药材买卖。已累计开通店铺数超过2万个，在售中药材商品数超过15万个，中药材交易品种超过2000种，规格超过10000个，已基本覆盖当前市面上流通的中药材品种规格。

模块四 检索药品经营使用信息

检索的方法包括商品关键词检索、店铺检索、药材拼音、药材类目检索。

（五）国家食品药品监督管理总局（http://www.sfda.gov.cn/）

进入首页，点击数据查询，中药品种保护，可按照保护品种编号、生产企业、药品批准文号、药品名称检索。

进入首页，点击数据查询，OTC 中药说明书范本，可按照说明书标题、注、正文检索 OTC 中药说明书。

（六）工具书

(1) 中药别名检索:《常用中药别名速查手册》、《中药别名速查大辞典》等。
(2) 中成药的应用:《合理选用中成药》、《常见病中成药临床合理使用丛书》等。
(3) 中药图谱:《中草药彩色图谱》、《药用植物野外识别图鉴》等。

（七）其他

(1) 报纸:中国中医药报。
(2) 杂志:《中成药》、《中草药》、《中药材》、《中国中药杂志》、《时珍国医国药》等。
(3) 论坛:百草居、黄煌经方论坛、丁香园中医讨论版。
(4) 微信:中医书友会、药圈、正安聚友会、苏叶猫。

基本任务

(1) 检索人参的谱图及含有哪些化学成分。
(2) 检索贝母近期的价格。
(3) 检索风寒感冒适宜用哪些中成药。
(4) 检索中药夏天无、生军的别名。
(5) 检索中药白花蛇舌草的质量标准。

巩固任务

(1) 检索岭南道地药材陈皮的价格走势。
(2) 检索岭南道地药材火炭母在中药诚实通网站的销售价格。
(3) 检索中药黄精的炮制规范。
(4) 检索三棱的中药图谱。
(5) 检索中成药六味地黄丸的组成。
(6) 检索中药蕲蛇的基本信息。

拓展任务

(1) 检索汉防己与广防己的区别。
(2) 检索中药通大海的别名。
(3) 检索中药材水茄的图片。
(4) 检索中药经典方剂桂枝汤的组成及用量。
(5) 检索中药白英可以在哪里购买。

模块五　检索药品营销信息

任务一　检索药品价格信息

一、必备知识

（一）药品价格

药品的定价包括政府定价、政府指导价、市场调节价。药品价格通常有：出厂价、批发价、中标价、最高零售价等。药品各种定价模式比较见表4。

表4　药品各种定价模式比较

价格体系	定价主体	定价客体	价格类型
政府定价	国家发展和改革委员会	特殊管理药品	出厂价
政府指导价	国家发展和改革委员会与省物价局	所有企业生产的该药品	最高零售价
市场调节价	企业	本企业生产的该药品	零售价
单独定价	国家发展和改革委员会	指导价药品中特定企业的该药品	最高零售价

（二）低价药品目录

2014年国家发展和改革委员会发布《定价范围内的低价药品目录》，为鼓励医药企业生产低价药的积极性，减轻患者使用高价药的负担，国家取消530种药物的最高零售价，生产企业可在西药日均费用不超过3元、中成药日均费用不超过5元的前提下自主定价。公布的低价药品清单包含化药品种280个、中成药品种250个，共530个品种1154个剂型。

二、检索国内药品价格

（一）国家发展和改革委员会药品价格评审中心（http://www.dpec.org.cn/wps/portal）

国家发展和改革委员会药品价格评审中心主要工作职能是：根据国家发展和改革委员会药品价格调控计划，组织开展药品生产经营成本和药品市场实际购销价格调查，测算药品成本和价格。组织专家进行评审，提出药品价格制定或调整的建议；配合研究制定药品价格管理的规章、制度及相关政策；研究国内外药品市场价格及成本变化情况；汇总分析药品价格制定和调整信息。

进入首页，可检索药品价格政策法规、价格文件等信息。

(二)中国价格信息网(http://www.chinaprice.com.cn/)

中国价格信息网为国家发展和改革委员会价格监测中心授权的信息发布平台,通过互联网向各企事业单位提供价格信息查询服务。其中,医药价格专栏包含定价药品价格(最新政府定价、国家定价药品价格、地方定价药品价格、进口定价药品价格);药品零售价格;药品平均价格;招标采购零售价;市场动态;分析预测;国家医药价格政策;地方医药价格政策;医疗收费。

进入首页,点击医药价格,可检索定价药品价格、药品零售定价、药品平均定价、招标采购零售价。

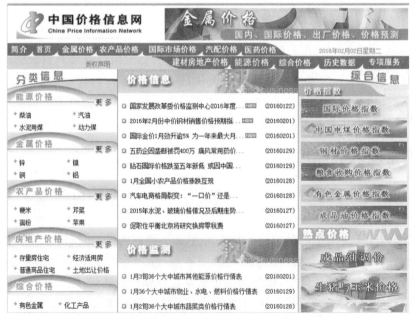

注:书中正文用国家发展和改革委员会。

(三)中国医药价格网(http://www.zgyyjgw.com/)

中国医药价格网是国家发展和改革委员会指定的报价网站。点击共享数据,可检索医疗服务价格、药品最高零售价格、二类疫苗价格、医疗器械价格、药品出厂(口岸)价格、平价药店零售价格。该网站的链接包括药品价格的管理部门即国家发展和改革委员会价格司、药品价格评审中心等。

(四)中国医药信息网(http://www.cpi.gov.cn/)

中国医药信息网是由国家食品药品监督管理总局信息中心建设的医药行业信息服务网站,始建于1996年。中国医药信息网共建有20余个医药专业数据库,主要内容包括政策法规、产品动态、市场分析、企事业动态、国外信息、药市行情等,现已成为国内外医药卫生领域不可缺少的重要信息来源,不仅发挥着服务政府、服务行业的作用,同时为我国医药信息事业的发展、促进我国医药经济增长作出了应有贡献。中国医药信息网专注于为医药监管部门、医药行业及会员单位提供信息咨询、调研以及企业宣传等服务,包括VIP会员服务和网络数据库会员服务两种模式。

专业数据库"市场与研发"子数据库中,点击药品价格,选择药品价格数据库,在药品名称中输入需要查询的药品即可。

(五)广东价格信息网(http://www.gdpi.gov.cn/)

广东价格信息网作为广东省物价系统宣传价格政策、发布价格信息、服务社会的重要平台,是拓展物价职能、彰显物价功能的重要窗口。进入首页,点击右边商品价格中的药品价格,进入检索界面。

(六)健康网(http://www.healthoo.com/)

价格信息包括原料药、药用辅料、药用包材、保健品、药材市场、动物用药。

进入http://www.healthoo.com/shujuku/,可查询药品中标价格。

点击低价药品,可检索低价药品目录数据库。

三、检索国外药品价格

国际健康动态(http://www.haiweb.org/medicineprices/)

可提供药品价格调研报告、数据库(调研报告、价格)、出版物(Medicine pricing matters)、多国药品价格等信息。

点击database,选择"Price and availability by medicine"进入检索页面,可按照通用名(generic name)检索或世界卫生组织基本药物分类(WHO EML classification)检索。

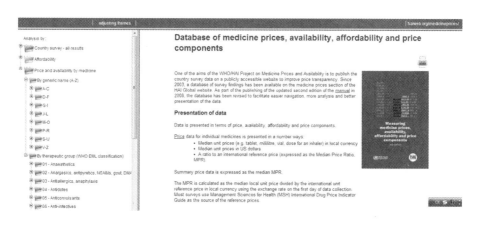

四、其他

1.《中国药物经济学杂志》

由农工中央委员会主管,中国中医药研究促进会主办、国家相关部门给予政策指导、全面介绍药物经济学理论知识与实践案例的专业性学术期刊。

2.《Pharmaco Economics》

由美国 Adis 国际出版公司编辑出版的一本药物经济学杂志。

检索阿司匹林原料药国内价格。

检索阿司匹林肠溶片的国内价格。

检索阿司匹林肠溶片的国外药品价格。

任务二 检索医疗保险药品、国家基本药物、招商招标信息

一、必备知识

(一)医疗保险药品

基本医疗保险药品是指保证职工临床治疗必需的、纳入基本医疗保险给付范围内的药品,分为甲类和乙类两种。甲类药品是指由国家统一制定的,临床治疗必需且使用广泛,疗效好,在同类药物中价格低的药物。使用这类药物所发生的费用纳入基本医疗保险基金给付范围,按基本医疗保险办法的规定支付费用。乙类药品是指基本医疗保险基金有能力部分支付费用的药物,使用这类药品产生的费用先由职工自付一定比例后,再纳入基本医疗保险基金给付范围,并按基本医疗保险的规定支付费用。

(二)国家基本药物

国家基本药物是指由国家政府制定的《国家基本药物目录》中的药品。这些药物具有疗效好、不良反应小、质量稳定、价格合理、使用方便等特点。

二、检索医疗保险用药、国家基本药物

(一)国家食品药品监督管理总局(http://www.sfda.gov.cn/)

进入首页,点击数据库,点击国家基本药物(2012年版)。

可快速查询，也可按照药品分类、类别、品种名称、英文名称、使用范围进行查询。

（二）药智数据(http://db.yaozh.com/)

药智数据是一个综合性的数据库，涵盖药品研发、生产检验、合理用药、市场信息、中药材、医疗器械、食品、化妆品等。其中，市场信息包括政策法规数据库、药品中标信息查询、低价目录查询等。

(三) 药源网 (http://www.yaopinnet.com/)

进入首页,点击招商,可查询最新发布产品的招商信息。

进入首页,点击数据库,可检索国家及地方医保目录、医药中标目录、新农合基本用药目录、药品价格(批发价、最高零售价)、药品说明书、中药材查询、药品商品名通用名对照等。

(四) 广东省人力资源和社会保障厅 (http://www.gdhrss.gov.cn/)

进入 http://www.gdhrss.gov.cn/sofpro/otherproject/yaopin/yaopin.jsp,可按照药品大类、药品中类、药品中文名、药品英文名检索。

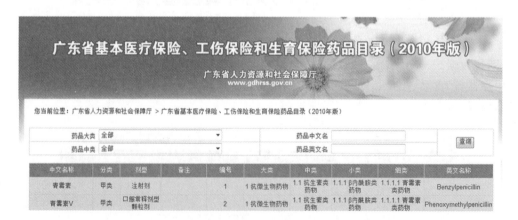

(五) 广东省国家基本药物网 (http://em.gdmpc.cn/)

可查询国家基本药物广东阳光采购入围品种、医疗机构信息。可进入广东省药品集中招标系统、网上采购系统。

（六）丁香园论坛(http://www.dxy.cn/bbs/)

丁香园医药产品经理版设置了综合信息、医保物价法规、招标信息、中标信息、学术推广、市场分析、OTC、职场、执行、互联网医药、企业、并购、资源等栏目。

（七）中国医药联盟（http://www.chinamsr.com/）

国内知名度和影响力较大的医药在线组织，目前会员结构85%为医药营销领域的专业人员。联盟旗下网站包括：猎才医药网、医药招商、医药培训、医药代表、医药零距离、医药论坛、医药专栏、医药会议等。网站首页设置有医药招标栏目。

基本任务

（1）检索通宣理肺丸是否属于2012年国家基本药物目录。
（2）检索2012年国家基本药物目录中，抗肿瘤药物有哪些。
（3）检索贺普丁是否属于广东省医疗保险药品目录。

巩固任务

（1）检索广东清远市的医院有哪些。
（2）检索2012年国家基本药物目录中，抗肿瘤药物中片剂有哪些。
（3）检索广东省医疗保险药品目录，在大类西药抗肿瘤药物中，属于乙类目录的有哪些。

检索广东省医疗保险药品目录,在大类中成药妇科用药中,中类消肿散结剂有哪些。

三、检索药品招商招标信息

(一)中国医药123网(http://www.cyy123.com/)

可检索原料采购信息、药品招商信息、医疗器械招商信息。可按照产品名称、企业名称进行检索。

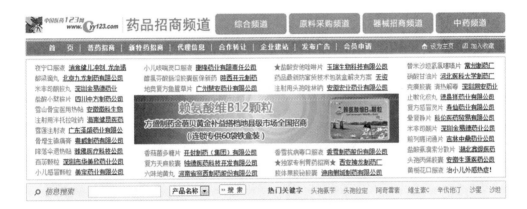

(二)阿里巴巴(http://www.1688.com/)

阿里巴巴(1688.com)是全球企业间(B2B)电子商务的著名品牌,为数千万网商提供海量商机信息和便捷安全的在线交易市场,也是商人们以商会友、真实互动的社区平台。点击医药,结果如下:

(三)搜搜药品招标信息网(http://zb.sosoyy.com/)

可检索药品招标信息、中标数据、各省药品招标的官网、各省医保目录、各省基本药物目录等。

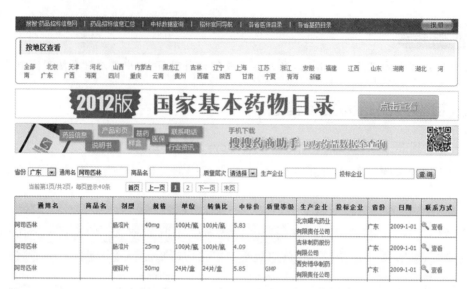

(四)广东省药品采购平台(http://www.gdmpc.cn/bpportal/)

可进入药品网上采购系统、耗材网上采购系统,提供采购的政策法规及办事指南。

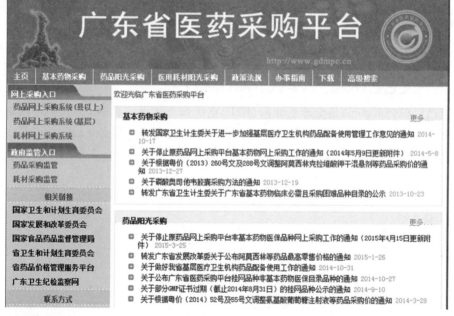

(1)检索哪些厂家销售依巴斯汀原料药。
(2)广东省药品代理商有哪些。

巩固任务

查询广东省最近有哪些药品招标公告。

任务三 检索药事管理法规、医药学会议、医学指南

一、必备知识

（一）法律

我国最高权力机关全国人民代表大会和全国人民代表大会常务委员会行使国家立法权，立法通过后，由国家主席签署主席令予以公布。因而，法律的级别是最高的。

（二）法规

法规分国务院制定的法规和地方法规，效力低一点。

（三）规章

规章有行政机关的部门规章和地方政府规章。规章是由各部委及各地方人民政府制定的，效力最低。

二、检索国内药事管理法规

（一）国家食品药品监督管理总局(http://www.sfda.gov.cn/)

进入首页，点击信息公开，点击法规文件，可按照法规文件（法律行政法规、部门规章、工作文件等）或按照年份（2016年、2015年等）检索。

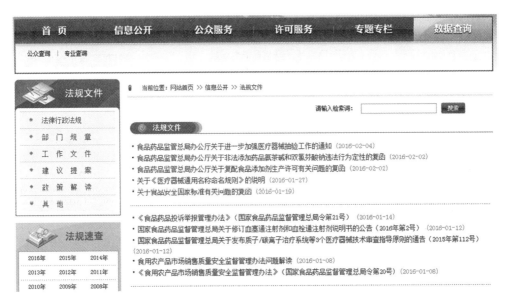

（二）广东省食品药品监督管理局(http://www.gdda.gov.cn/)

进入首页，依次点击政务公开，政策法规。可按照政策法规的类型（法律行政法规、部门规章、地方性法规、地方政府规章等）检索。

三、检索国外药事管理法规

（一）世界卫生组织（http://www.who.int/）

进入首页，选择语言为中文，点击健康主题，按照中文拼音的首字母顺序，找到字母Y，"药物产品"，可检索WHO关于药品的信息。

（二）美国食品药品管理局（http://www.fda.gov/）

进入首页，点击Regulatory Information，可获取监督管理方面的信息。

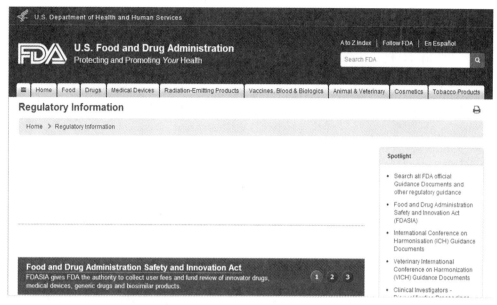

（三）检索其他组织与机构法律法规

（1）国际药学会(http://www.fip.org/)。

（2）欧洲医药管理局(http://www.ema.europa.eu/)。

（3）英国卫生部药品和保健品监管局(http://www.dh.gov.uk/en/Healthcare/Medicinespharmacyandindustry/)。

（4）日本劳动厚生省医药食品局(http://www.mhlw.go.jp/bunya/iyakuhin/)。

四、检索医药学会议

（一）中国药学会(http://www.cpa.org.cn/)

首页的学术活动、国际交流均可获取药学会议的最新通知。

(二)中国学术会议在线(http://www.meeting.edu.cn/meeting/)

进入首页,可检索基础医学、临床医学、中医学与中药学方面的会议,支持模糊检索、会议检索、视频检索、会议论文摘要检索。

(三)丁香会议(http://meeting.dxy.cn/search.do)

丁香会议频道,提供会议类型检索、专业检索、时间及地区检索。

五、检索临床诊疗指南

(一)医脉通指南(http://guide.medlive.cn/)

可按照科室浏览、指南浏览、指南专题、指南制定者浏览相关指南信息,或输入疾病检索。

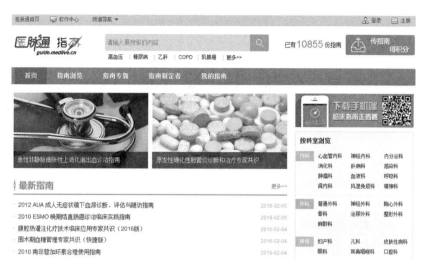

(二)中国临床指南检索网(http://cgc-chinaebm.org/)

进入首页,点击指南检索,可按照指南名称、作者、机构、编码、出处检索,支持精确及模糊检索。该网站也提供按照疾病、治疗、指南指定机构、拼音索引、发表年限索引浏览。

基本任务

(1) 检索药品流通方面的法律法规。
(2) 检索 2016 年 CFDA 颁布了哪些新的关于药品的法规。
(3) 检索国际儿童基本用药目录。
(4) 检索 2016 年在广东省召开哪些药学学术会议。
(5) 检索高血压的临床诊疗指南。

巩固任务

(1) 检索美国 FDA 对于溶出度(drug dissolution)测定有什么规定。
(2) 检索 2016 年国际上召开哪些药学学术会议。

拓展任务

检索美国 FDA 2015 年批准了哪些新药。

项目考核

每名同学随机给予一个药物,具体检索任务见表5。

表5 项目考核任务

任务编号	具体检索任务
1	该药物在百度中的 Word 或 pdf 文档,至少下载1篇
2	该药物在百度中出现的 2015 年以来的新闻报道,至少截图1篇
3	该药物在维普网中1980年以来的文献,至少下载1篇文献
4	该药物在中国知网相关的科技成果,至少下载1项科技成果
5	该药物在中国的专利,至少下载1项专利
6	该药物在欧洲和美国的专利,至少下载1项专利
7	该药物的产品说明书,至少下载1份
8	该药物的价格信息
9	该药物的毒理学信息
10	该药物在国家食品药品监督管理总局网站国内外上市情况
11	该药物在《中国药典》(2015 年版)的标准
12	该药物在《美国药典》或《英国药典》或《日本药典》的标准,至少下载1份
13	该药物是否列入广东省低价药品目录
14	该药物是否属于广东省医疗保险报销药品目录
15	该药物是否属于中药保护品种
16	该药物是否在八百方网上药店有销售
17	该药物在国家新药审评中心的临床试验信息
18	该药物的辅料微晶纤维素在国家新药审评中心的具体信息
19	该药物的包装材料信息
20	该药物上市说明书的修订信息
21	该药物的体外溶出度信息(日本橙皮书)
22	该药物可以在广东省哪些专业医药学刊物刊登药品广告
23	该药物可以在广东省哪些医疗机构进行药物临床试验
24	该药物含量测定标准品的购买信息
25	该药物在网上哪些药店可以购买
26	该药物的红外光谱图
27	该药物是否属于国家基本药物
28	该药物如果属于中药,请列出每种中药饮片的炮制规范并全部下载
29	该药物属于美国 FDA 妊娠分级的哪一级
30	该药物的英文说明书,至少下载1份

附　　录

一、国内药学论坛

1. 丁香园论坛

http://www.dxy.cn/bbs/，医学、药学、生命科学专业论坛。

2. 小木虫论坛

http://muchong.com/bbs/，是一个独立、纯学术、非经营性的免费论坛。涵盖化学、化工、医药、生物、材料、食品、理工、信息、经管、外语等10个学科门类的专业性学术科研交流论坛。

3. 国家食品药品监督管理总局培训中心论坛

http://bbs.sdatc.com/，包括药品研究、生产管理、经营管理、认证等板块。

4. 药圈

http://www.yaoq.net/，包括药店工作、药厂工作、医院药学工作、商业工作等。

5. 临床药师论坛

http://www.clinphar.cn/，包括用药咨询及处方分析，药历书写及临床药讯、合理用药知识、不良反应与配伍禁忌等关于临床药学的讨论学术论坛。

6. 药师在线论坛

http://www.lpol.net/，包括临床用药、制剂技术、药物分析、药品注册、认证交流等板块。

7. 中国GMP论坛

http://www.chinagmp.net/，GMP资源交流共享平台。

8. 中国医药营销联盟网

http://www.chinamsr.com/，包括营销入门、营销实战、OTC营销、招标投标、招商代理等板块。

9. 中国传统医学论坛

http://zgyx120.5d6d.com/bbs.php，中医中药方面的专业论坛。

10. 爱爱医论坛

http://bbs.iiyi.com/，爱爱医是面向医务人员的医学、药学专业知识与经验交流平台，并为医生提供国家医学考试中心信息服务的专业医学网站。

11. 蒲公英论坛

http://www.ouryao.com/forum.php，制药技术的传播者和GMP理论的实践者。

二、微信公众号

1. 医药代表大学
2. 医药代表
3. 医药经济报
4. 健康报
5. 中国医药报
6. 医药界杂志
7. 医药人才互推平台
8. 中国药店
9. 赛柏蓝
10. 医药人才互推平台
11. E 药经理人

三、国外著名药学网站

1. 药物

http://www.drugs.com/，为专业人员和消费者提供药物信息和新闻。

2. 处方药索引

http://www.rxlist.com/，特点是列出了美国处方药市场每年前 200 个高频使用药，该网站对具体药物又有极为详细的介绍，在医院药师面对更新快速的新药市场时，可以有同样更新速度的处方药物手册支持查询。

3. 医业网

http://www.docguide.com/，提供最新批准的新药及适应证信息（Recently Approved Drugs/Indications）。

4. 医景

http://www.medscape.com/pharmacists，Medscape 是最早的优秀的医学专业门户之一，主要为临床医生和其他医学工作者提供高质量的专业医学信息。包括临床管理系列（Clinical Management Series）、杂志全文（Journals）、实用指南（Practice Guidelines）、指南进展、杂志扫描、会议摘要和时间表、专家提问和讨论、临床挑战、医学词典、药物数据库等栏目，也包含 Medline 数据库。可检索图像、声频、视频资料，是目前网上最大的免费提供临床医学全文文献和继续医学教育资源的网站。

5. 药物信息门户

http://druginfo.nlm.nih.gov/，由美国 NLM 提供的药物信息门户，可根据药物分类或名称检索药物相关的各类信息。

6. 医疗在线药物信息专题

http://www.nlm.nih.gov/medlineplus/druginformation.html，提供 8000 多种药物信息，包括药物用途、剂量、副作用等。

7. 药品信息网

http://www.druginfonet.com/，提供药物和疾病信息、健康新闻、生产厂商信息、健康机构信息、医院和医学院网址。可按照商品名、通用名、生产厂家、治疗分类检索药品法定说明书和患者使用说明书。

参 考 文 献

[1] 黄文忠.网络搜索引擎百度评析[J].现代情报,2005,5:135.
[2] 张兴华,王仕雪.百度检索引擎查询技巧[J].现代情报,2005,4:192.
[3] 杨海锋,陆伟.联邦检索研究综述[J].图书情报工作,2015,59(1):134.
[4] 《纺织器材》编辑部.带有 DOI 的参考文献著录格式[J].纺织器材,2013,40(5):343.
[5] 周秀会.知识元搜索引擎:CNKI 知识搜索平台[J].现代情报,2007,5:221.
[6] 《河北医科大学学报》编辑部.《关键词》与《主题词》的主要区别[J].河北医科大学学报,2008,3:477.
[7] 鲁海涛.CNKI 数据库高级检索的应用探究[J].电子测试,2013,16:63.
[8] 张敏.浅析万方、维普、CNKI 三大全文数据库[J].河南图书馆学刊,2012,32(1):88.
[9] 于占洋.药学文献检索与利用[M].2 版.北京:中国医药科技出版社,2009.
[10] 王凯,阎爱侠.基于因特网的常用化合物活性数据库简介[J].计算机与应用化学,2010,27(12):1629.
[11] 马淑芹,张玢.新药研发数据库 Thomson Pharma 分析[J].医学信息学杂志,2009,30(6):24.
[12] 龚树旺,毛雪石,李兰燕.药学信息数据库资源一瞥[J].药学进展,2007,31(11):516.
[13] 阿丽塔,许培扬,孙灵芝.药学数据库资源的分类及其利用策略[J].中国药业,2010,19(8):11.
[14] 中华人民共和国国家知识产权局.专利审查指南[M].北京:知识产权出版社,2010.
[15] 广东省药学会.医疗机构超药品说明书用药管理专家共识[J].今日药学,2014,24(12):841.
[16] 刘传和,郝俊勤.因特网上 TOXNET 数据库及其检索[J].中华医学图书情报杂志,2003,12(2):43.
[17] 刘霞.免费全文数据库 Highwire 的检索与利用[J].图书馆学研究,2006,5(22):61.